코바늘 뜨개로 꽃피워요
사계절 꽃 모티브 200 손뜨개 도안집

Flower Motif of Crochet

KAGIBARIAMI DE SAKASEYO KISETSU NO OHANA MOTIF NIHYAKU NO AMIZU DESIGN
Copyright © 2016 FELISSIMO
Korean translation rights arranged with FELISSIMO
through Japan UNI Agency, Inc., Tokyo and Korea Copyright Center, Inc., Seoul.

코바늘 뜨개로 꽃피워요
사계절 꽃 모티브 200
손뜨개 도안집

1판 1쇄 발행	2019년 1월 14일
1판 6쇄 발행	2021년 9월 5일
기획	쿠츄리에
옮긴이	임용옥
감수	김윤정(쪼불닥 부씨)
펴낸이	최태선
편집팀장	박석현
디자인	김채원
경영지원	조혜정

펴낸곳	㈜솜씨컴퍼니	
	등록	제2015-000025호
	주소	04022 서울시 마포구 동교로 70 소와소빌딩 3층
	전화	070.7825.8588(편집) 02.3142.4364(마케팅)
	팩스	02.6442.4364
	이메일	love@somssi.me(콘텐츠·원고 투고) order@somssi.me(유통·판매)
	SNS	instagram.com/somssico

제작	종이	타라유통
	인쇄	조광프린팅
	용지	표지: 아르떼 U/W 210g 본문: Hi-Q 미스틱 128g

ISBN 979-11-86745-28-1 13630

- 값은 뒤표지에 있습니다.
- 잘못된 책은 구입하신 곳에서 교환해드립니다.

Maker's Letter

200가지 꽃 모티브. 실제 꽃 종류에 비하면 적은 수겠지만
세상에 정말 많은 꽃이 있다는 걸 새삼 느꼈어요.
김춘수 시인의 시 〈꽃〉을 떠올리며
평소 무심코 지나쳤던 길가의 꽃들에게
제대로 된 이름을 불러줘야겠다는 생각을 잠시 해봤습니다.
내 손으로 피운 뜨개 꽃에는
나만의 이름을 지어주는 것도 재밌을 것 같아요. Yong

추천의 글

뜨개를 사랑하는 사람들에게
큰 축복 같은 책

국내 손뜨개 자료가 많지 않던 시절,
해외 원서로 혹은 온라인을 떠돌며 전 세계로 뜨개 여행할 때
종종 보이던 꽃 모티브들과 사랑에 빠지게 되었어요.
'나도 언젠가 나만의 꽃을 피워볼 테다!' 이렇게 꿈을 꾸곤 했죠.
얼마 지나지 않아 '코바늘뜨기 꽃 모티브 컬렉션'이라는
〈쿠츄리에〉의 핸드메이드 키트도 알게 되었습니다.
이번에는 어떤 꽃을 피우게 될까, 설레는 맘으로 기다리곤 했어요.

그리고 지난 2016년, 이 키트의 300여 개 모티브 중
200개의 모티브를 엄선한 손뜨개 도안집이 일본에서 정식 출간되었어요.
한국의 수많은 뜨개인들도 이 원서를 손에 넣기 위해 혈안이 되었죠.
이런 인기 뜨개 책을 이제는 한국어판으로 손쉽게 만날 수 있게 되어 정말 기쁩니다.

확실히 이 책은 뜨개를 사랑하는 사람들에게 큰 축복이 아닐 수 없어요.
색감을 참고하기도 하고, 디자인을 감상하기도 하고, 실제로 떠서 연결해보기도 하고……
한 장 한 장 꽃피우다 보면 어느새 나만의 꽃밭을 만나게 된답니다.
여러분도 여러분만의 꽃밭을 가꿔보시길 바랄게요.

김윤정(쪼물딱 루씨)

신이 이 세상에 아름다운 꽃을 만들어 피운 것처럼
우리도 생활 속에 부드러운 꽃을 잔뜩 만들어 피워볼까요?
정성과 아이디어가 담긴 코바늘 뜨개 꽃을 말이죠.
이 책은 그 꽃의 씨앗을 모은 한 권의 책이에요.
1년 365일, 언제든 책을 펼치기만 하면
계절에 어울리는 꽃을 내 손으로 직접 피워낼 수 있어요.
마음을 밝혀주는 꽃 모티브가 있는 일상으로, 어서 오세요.

바쁜 일상 속, 한숨 돌리기 위해 차를 마시거나 책을 읽듯이
잠깐이라도 시간이 생기면 무언가 뜨고 싶어지는 우리들.
그럴 때도 꽃 모티브는 참 좋아요.
한 장, 또 한 장. 일상 속 여기저기에
귀여운 꽃이 잔뜩!

손꼽아 기다리던 이벤트나
소중한 기념일처럼
꽃이 필요한 날에도
꽃 모티브는
마음속 깊은 곳까지 따스하게 해주는
깜짝 선물이 될 거예요.

여러분의 꿈과
코바늘 뜨개의 가능성을
무한히 펼쳐주는 한 권의 책

이 책은 핸드메이드 키트 카탈로그 〈쿠츄리에(Couturie)〉에서 2004년 판매 시작 이후, 많은 분들께 사랑받아온 키트 상품 '코바늘뜨기 꽃 모티브 컬렉션'의 첫 뜨개 도안집입니다. ※매월 디자인을 바꾸며 발표해온 꽃 모티브 중에서 200개의 디자인을 엄선해 수록했습니다. 전 세계를 찾아보아도 분명 이러한 도안집은 없을 거예요. 모티브 한 장으로 만드는 코스터부터 이불커버 같은 커다란 작품까지, 아이디어에 따라 온갖 핸드메이드의 가능성이 펼쳐지는 책. 여러분은 이 꽃 모티브로 어떤 꿈을 꽃피우실 건가요?

❂ 핸드메이드 키트 카탈로그 〈쿠츄리에〉에서 안내하고 있는 상품은 매월 1회 새로운 디자인이 발송되며, 정기 컬렉션을 중심으로 판매되고 있습니다. 이 책이 나오기까지의 스토리와 '쿠츄리에'에 관련해서는 138, 139쪽을 봐주세요.

Poncho
판초

살짝 쌀쌀한 날, 마음까지 확 따뜻하게
감싸줄 것 같은 꽃으로 뒤덮인 판초.
분명, 얼굴에도 귀여운 웃음꽃이 활짝 필 거예요.

Sofa cover
소파 커버

시간과 정성을 가득 담아 완성한 소파 커버는
거실의 얼굴이죠. 잠시 낮잠을 자거나 영화를 볼 때 등등.
가족의 기억과 함께 쭉 만개해있을
포근하고 보드라운 꽃밭을 만들어보세요.

Tea cozy / Coaster
티코지, 코스터

꽃 모티브 한 장은 코스터로 딱!
여러 장을 이어서 천과 연결해주면 티코지 완성!
테이블 위에 귀여운 꽃이 활짝 피면
모두가 좋아하는 맛있는 시간이 시작되겠죠.

Sitting mat
방석

손뜨개 커버를 씌운 방석은
팬스레 더 따뜻한 느낌. 왠지 그립고
마음을 간질이는 듯한 애정과 친밀함을 담아
괜히 더 '방석'이라고 부르고 싶어져요.

Garland / Blanket
갈런드, 담요

꽃 모티브를 끈에 한 장씩 끼워 연결해
갈런드처럼 장식하면 인테리어 포인트로도 좋아요.
담요는 모티브의 개수에 맞춰
내가 원하는 사이즈로 완성.
각자가 좋아하는 장소를 꽃 모티브로 꾸며보세요.

Floral picnic

휴일에 꽃을 곁들이면

꽃 모티브의 즐거움은 집에서만 느낄 수 있는 게 아니에요.
내가 만든 마음에 드는 담요나 잡화를 챙겨서
캠핑이나 피크닉을 하러 가도 좋아요.
휴일을 온통 포근하고 부드러운 기분으로 감싸주고,
모두에게 웃는 얼굴과 추억을 잔뜩 꽃피워줄 거예요.

Contents

 p.18~ 초봄의 꽃

 p.28~ 봄의 꽃

 p.53~ 초여름의 꽃

 p.73~ 여름의 꽃

 p.107~ 가을의 꽃

 p.116~ 겨울의 꽃

 p.121~ 사계절 꽃

 p.122~ 단색으로 뜨는 모티브

 p.124~ 꽃 모티브 응용 예시

 p.130~ 모티브 연결하는 방법

 p.134~ 코바늘뜨기 완성 체크 포인트

 p.136~ 뜨개 도안 보는 법

 p.137~ 코바늘 뜨개 기호 표

 p.140~ 꽃 색상별 인덱스

이 책의 사용법

이 책은 코바늘로 뜨는 꽃 모티브의 도안과 완성작 견본 사진을 200종, 그리고 모티브를 연결해 만든 작품 예시 등을 수록하고 있습니다. 각 모티브를 뜨는 자세한 방법은 도안을 참고해주세요. 마구마구 떠서 커다랗게 연결해보세요.

일러두기

- 외래어 표기는 일본어를 제외하고 국립국어원의 외래어 표기법을 따랐습니다.
- 일본어의 경우, 일본 헌지 발음에 가깝게 표기했습니다.
- Motif는 '모티브'로 표기했습니다.

【저작권에 관하여】
- 이 책에 수록된 사진, 도안 등은 저작권법에 의해 보호되고 있습니다.
- 이 책은 사적인 사용 등 저작권법, 기타 법률에 의해 인정되는 경우를 제외하고 무단 전재, 복사, 전송, 판매, 대여 등을 행할 수 없습니다.
- 본서를 기반으로 제작된 작품에 대해서는 인터넷 사이트, 경매, 실제 매장 또는 프리마켓 등에서 영리 목적으로 판매하는 것을 금지하고 있습니다.
- 위를 위반한 행위가 있을 경우, 저작권법, 기타 법률에 근거하여 법적 조치를 취할 수 있습니다. 사전에 양해 부탁드립니다.

초봄의 꽃

Early Spring

꽃의 계절을 눈앞에 두고, 산과 들보다 먼저
피우는 코바늘 뜨개 꽃.
아직 제법 쌀쌀한 날씨지만,
가장 먼저 봄을 느끼고 싶어서
손을 움직이는 오후입니다.

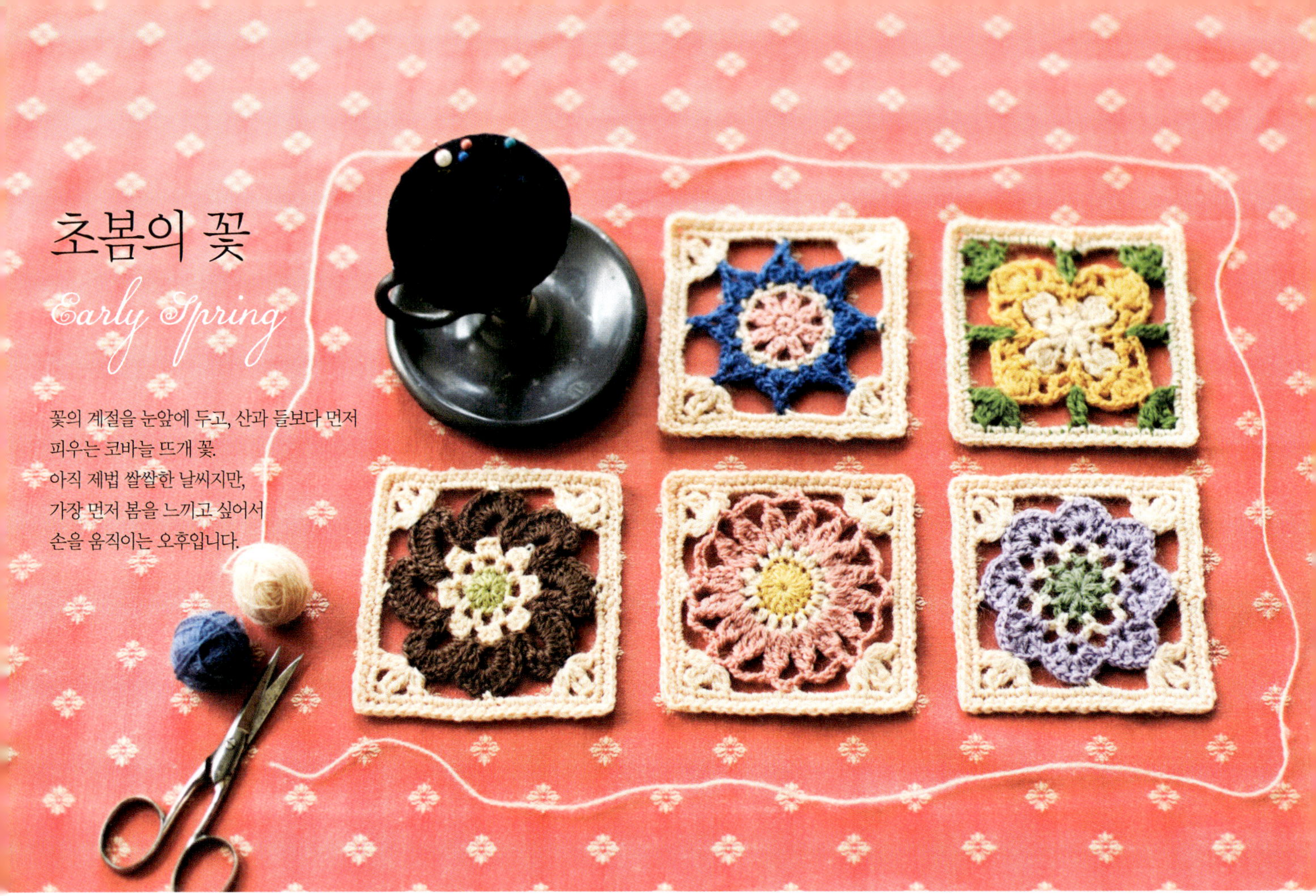

001

아카시아

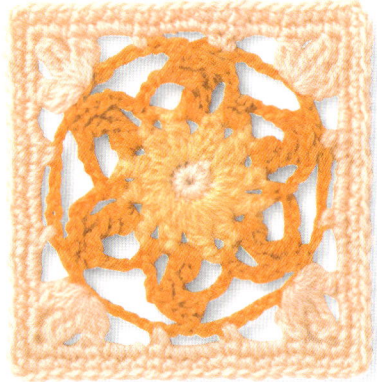

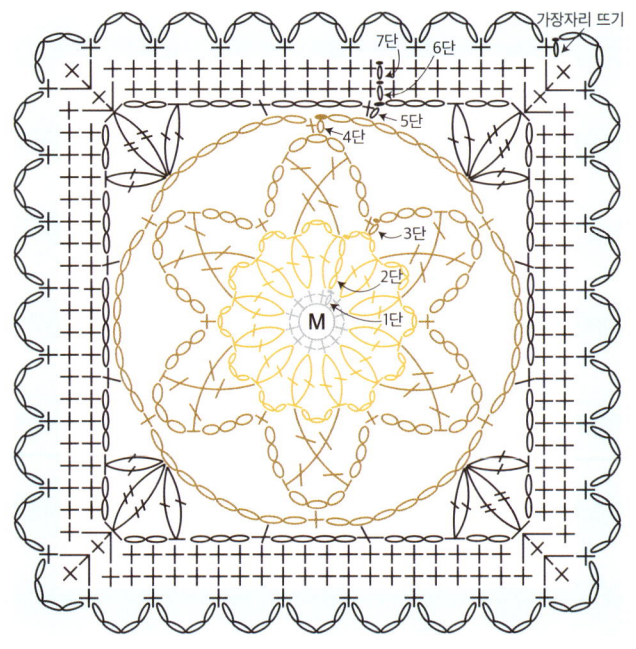

봄이 찾아왔음을 가장 먼저 알려주는 아카시아. 꽃이 만개하는 시기에는 나무 전체가 노란색으로 물들어 밝은 분위기가 감돌아요.

● 꽃말: 우아, 우정

이 책에 실린 모티브는 꽃이 가진 이미지를 기반으로 손뜨개를 즐길 수 있도록 디자인한 것입니다. 꽃의 색이나 형태, 꽃잎의 개수 등은 실제와 다릅니다.

EARLY SPRING

002
꽃다지

냉이와 비슷하지만 완전히 다른 종으로, 특히 먹을 수 없다는 점에서 큰 차이가 있어요. 유채꽃과 닮은 작은 노란 꽃이에요.

초봄

003
비올라 트리컬러

팬지의 원종(原種)입니다. 트리컬러는 삼색을 뜻하기 때문에, '삼색 제비꽃'이란 이름으로도 불려요. 보라색과 노란색이 만들어내는 아름다운 대비를 살려 디자인했습니다.

● 꽃말: 신뢰

EARLY SPRING

004

개불알풀 (봄까치꽃)

양지바른 들판에서 서식하며 초봄에 코발트블루 빛의 꽃을 피웁니다. 이름의 유래가 독특한, 누구나 한 번쯤은 본 적이 있는 친근한 꽃이에요.

● 꽃말: 충실

005

운간초 (서양 운간초)

예쁘장한 꽃이 피어 화초로 인기 있는 운간초의 사랑스러운 모습을 이미지화했어요.

● 꽃말: 활력, 애정

EARLY SPRING

006
스노드롭

봄을 알리는 사랑스러운 이미지의 흰색 꽃으로 인기가 많아요. 하얗고 청아하게 핀 모습을 표현했어요.

● 꽃말: 희망, 위로

초봄

007
노루귀

'설앵초'라고도 불리는 노루귀. 흰색이나 연보라색의 꽃이 귀여운 인상을 줍니다. 잎의 형태가 둥근 것도 특징이에요.

● 꽃말: 신뢰

EARLY SPRING

008
데이지

중앙의 노란색이 포인트! 밝은 분홍색, 흰색 등 다양한 색의 꽃이 있으며 건강한 기운을 전해줍니다.

● 꽃말: 평화, 희망

009
미나리아재비 피카리아

'라넌큘러스 피카리아'라고도 불려요. 산의 습한 초원이나 강변 등에서 자생하며, 봄이 되면 꽃대를 뻗어 귀여운 노란색 꽃을 피웁니다.

● 꽃말: 만날 수 있는 행복

EARLY SPRING

히아신스

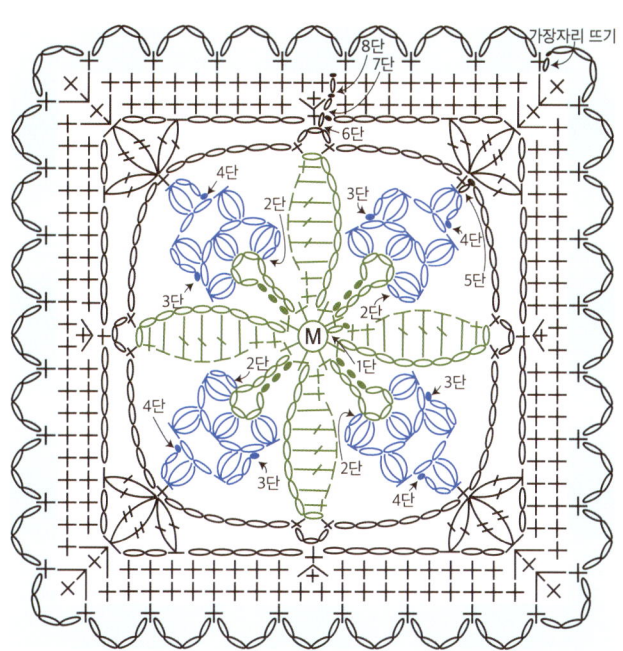

산뜻한 향기를 내뿜는, 수경 재배로도 키울 수 있는 구근식물인 히아신스. 꽃의 색상도 다양하고 화려하기 때문에 정원 재배로도 인기가 있습니다.

● 꽃말: 첫사랑의 한결같음, 단아한 귀여움

초봄

시네라리아

겨울과 봄 사이에 걸쳐 꽃이 피는 시네라리아의 보라색과 흰색의 아름다운 대비를 표현해보았습니다.

● 꽃말: 쾌활함, 항상 빛나게

EARLY SPRING

012
복수초

봄이 찾아왔음을 느끼게 해주는 꽃이에요. 맑게 갠 따뜻한 날에 잎을 커다랗게 펼치며 핍니다.

- 꽃말: 영원한 행복

013
프리뮬러 줄리안

프리뮬러 중에서도 작은 품종으로 인기가 많아 화분에 심어 키우는 걸 자주 볼 수 있어요. 만개하면 줄기 전체가 꽃으로 덮여 잎이 보이지 않을 정도랍니다.

- 꽃말: 가련, 영원히 지속되는 애정

EARLY SPRING

014
프리뮬러 말라코이데스

잎 등에 하얀 가루가 묻어나서 일본에서는 '게쇼자쿠라(化粧桜, 화장벚꽃)'라고 불립니다. 하양이나 분홍, 빨강 등 사랑스러운 빛깔의 꽃이 펴요.

- 꽃말: 희망, 소박

초봄

015
풀모나리아

초봄에 꽃이 펴요. 파란색이나 흰색, 분홍색 등 꽃의 색상이 다양해서 자연스러운 분위기의 정원에 잘 어울립니다.

- 꽃말: 기품

EARLY SPRING

016
삼각초

흰색이나 분홍색, 보라색 등의 꽃이 있으며, 눈이 그칠 무렵 개화하기 때문에 '파설초(破雪草)'라고 불리기도 합니다. 노루귀와 매우 닮은 작고 귀여운 꽃이에요.

● 꽃말: 자신, 인내

017
렌턴 로즈

크리스마스에 피는 크리스마스로즈와는 다른 꽃이에요. 겨울에서 봄에 걸쳐서 꽃잎을 살짝 아래로 떨구며 피는 모습이 정숙한 느낌이에요.

● 꽃말: 추억, 위로

EARLY SPRING

납매

'당매(唐梅)'라고도 불리며, 원산지는 중국입니다. 광택이 있는 노란색 꽃이 무척 향기로워요.

● 꽃말: 자애, 상냥한 마음

초봄

019

로단테

연분홍색이나 흰색 등이 있으며 꽃잎에 수분이 적기 때문에 꽃꽂이나 드라이플라워로 사랑받고 있습니다. 우리나라에서는 '종이꽃'이라는 별칭으로 불리기도 해요.

● 꽃말: 빛, 두터운 정

봄의 꽃
Spring

"코바늘로 만든 꽃들을
색색별로 연결해서
이번엔 무얼 만들어볼까~"
흥얼흥얼, 콧노래라도 부르고 싶어지는
들뜬 마음으로 봄을 떠볼까요.

020
아이슬란드 포피(양귀비)

꽃잎이 얇고, 그 색은 주황, 노랑, 빨강 등 매우 선명해요. 꽃꽂이나 꽃밭 등에서 자주 볼 수 있어요.

● 꽃말: 고고한 정신, 인내

이 책에 실린 모티브는 꽃이 가진 이미지를 기반으로 손뜨개를 즐길 수 있도록 디자인한 것입니다. 꽃의 색이나 형태, 꽃잎의 개수 등은 실제와 다릅니다.

SPRING

021
식나무

광택이 도는 커다란 잎과 빨간 열매가 아름다워서 관상용으로 인기가 높은 상록수입니다. 봄이면 아주 작은 갈색 꽃이 핀답니다.

● 꽃말: 초지일관

022
진달래

살짝 보랏빛이 감도는 선명하고 짙은 분홍색 꽃잎이 화려한 진달래의 아름다움을 이미지화했습니다.

● 꽃말: 사랑의 기쁨, 자제심

SPRING

023
아네모네 모나리자

아네모네의 수많은 품종 중에서도 개성적인 색을 가진 모나리자는 커다랗게 벌어지는 꽃이 피며, 주로 꽃꽂이용으로 보급되고 있습니다. 봄바람에 나부끼는 모습을 이미지화했어요.

● 꽃말: 기대

024
유채꽃

식용으로도 친숙한 유채꽃은 봄을 대표하는 꽃이죠. '평지'라고도 해요.

● 꽃말: 쾌활함

SPRING

025
아마릴리스

빨강, 분홍, 하양 등의 아마릴리스는 화려하고 아름다운 커다란 꽃송이가 매력입니다. 백합과 닮았어요.

● 꽃말: 금지, 내성적

026
아르메리아

곧게 쭉 뻗은 가는 줄기 끝에, 분홍빛의 꽃이 둥글게 잔뜩 모여 핍니다. 마치 비녀의 장식 같아요.

● 꽃말: 배려

SPRING

027
옐로 설탄(센토레아)

선명한 노란빛의 꽃잎 끝에 톱니가 있는 듯한 독특한 모습이 개성적! 상쾌한 향기도 이 꽃의 특징입니다.

- 꽃말: 우아한 아름다움, 신뢰

028
익시아

검처럼 생긴 잎 사이로 가늘고 긴 줄기가 뻗어 나와 빨강, 노랑, 분홍, 하양 등 청초하고 귀여운 꽃이 수상(이삭 같은 모양) 형태로 밀집해 핍니다.

- 꽃말: 높은 긍지, 단결

SPRING

029
이와우치와

우리말로 '바위 부채'란 뜻이며 부채처럼 둥근 타원형의 잎에 광택이 돌아 이런 이름이 되었대요. 꽃잎 끝이 톱니처럼 들쭉날쭉한 형태의 연분홍빛 꽃이 펴요.

- 꽃말: 봄의 전령

030
이와카가미

습한 바위 주변, 초원 등지에서 볼 수 있습니다. 둥근 형태의 잎에 광택이 돌아 우리말로 '바위 거울'이라는 뜻의 이름이 지어졌다고 해요. 봄부터 여름에 걸쳐 옅은 붉은색의 꽃이 핍니다.

- 꽃말: 충실

SPRING

오니소갈럼

청초한 순백의 꽃이 한가득 모여 핍니다. 꽃은 흰색이나 우윳빛깔이 많고 이밖에 노랑, 주황 등도 있어요.

- 꽃말: 순결, 동요

032 올드 로즈

18세기 이전의 장미를 의미하는 '올드 로즈' 품종의 총칭으로, 풍부한 향을 가진 꽃입니다. 여러 겹으로 활짝 핀 모습을 이미지화했습니다.

SPRING

가는잎할미꽃

꽃이 핀 후 맺히는 열매가 할머니의 흰머리와 닮은 데서 이름 지어졌다고 합니다. 꽃잎처럼 보이는 꽃받침잎을 가진, 운치 있는 검붉은 색 또는 푸른빛이 도는 보라색의 꽃이 펴요.

● 꽃말: 청순한 마음, 봉사

올리브

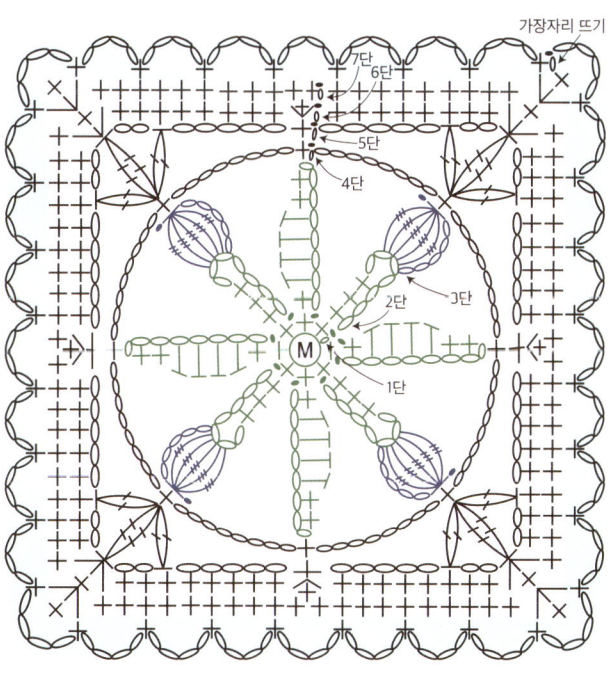

크림색의 작은 꽃이 피는 올리브는, 익은 열매가 식용으로 매우 인기 있죠. 그 동그란 열매와 잎을 디자인해보았습니다.

● 꽃말: 평화

SPRING

035
카네이션

어버이날에 드리는 꽃으로 친숙한 카네이션. 빨강, 짙은 빨강, 하양, 분홍, 노랑, 보라 등 다양한 색이 있죠. 여기서는 부드러운 분홍색으로 표현해봤습니다.

- 꽃말: 여자의 사랑, 감사, 순결한 애정

036
꽃해당

중국에서는 꽃이 너무나 아름다워 모란과 함께 인기가 높으며, 미인을 비유할 때 쓰이는 꽃으로 유명하다고 해요. 정원수나 화분으로도 사랑받고 있습니다.

- 꽃말: 온화함, 요염

SPRING

구륜초

'프리뮬러 자포니카' 또는 '일본 앵초'라고도 합니다. 연한 분홍색 꽃잎이 사랑스러워 산야초 중에서도 인기가 있습니다. 앵초와 친구 사이예요.

● 꽃말: 행복을 쌓아올리다

038

모련채

어디서든 쉽게 볼 수 있는 작고 사랑스러운 노란 꽃입니다. 잎과 줄기에 난 털이 소의 혀 같다고 해서 '쇠서나물'이라고도 해요.

● 꽃말: 나를 만지지 마시오

SPRING

039
별꽃

길가에서 쉽게 볼 수 있는 친숙한 꽃입니다. 파란색으로 살짝 변화를 주었어요.

- 꽃말: 추억

040
시라네아오이

일본 고유종으로 보라, 남보라, 연보라색 꽃이 있으며 커다란 잎을 펼치며 뻗은 줄기 끝에 존재감 넘치는 꽃이 핍니다.

- 꽃말: 완전한 아름다움, 우아한 아름다움

SPRING

스톡(비단향꽃무)

튼튼한 줄기를 가진 스톡은 꽃꽂이로 인기가 있으며, 꽃의 색상도 흰색, 크림색, 분홍색, 보라색 등 다채롭고 화려해요.

- 꽃말: 풍부한 사랑, 행복

스파락시스

색의 대비가 아름다운 꽃으로, 가늘고 긴 잎 사이로 가는 줄기를 뻗어 수상(이삭 모양) 형태로 꽃을 피워요. 흰색, 노란색, 고동색, 분홍색 등 다양한 색의 꽃이 있으며 남아프리카가 원산지입니다.

- 꽃말: 유쾌한 인생, 신비한 사람

SPRING

043
튤립

네덜란드나 벨기에의 국화(國花)이기도 한 친숙한 꽃. 한국에는 일제강점기에 들어왔다고 해요.

● 꽃말: 박애, 정직

044
디모르포테카

튼튼해서 키우기 쉽고, 사랑스럽고 아름다운 모습에 인기가 많은 꽃이에요. '아프리카 금잔화'라고도 합니다.

● 꽃말: 부, 풍부함

SPRING

045
좀양귀비

봄이 되면 주황색 꽃을 피웁니다. 꽃잎이 매우 얇고, 주름이 있어요. 길가에서 쉽게 볼 수 있습니다.

● 꽃말: 위로

046
평지

봄을 대표하는 꽃입니다. 관상용으로도 인기가 있으며, 샐러드에 넣거나 데쳐서 무쳐 먹어도 맛있어요. 다른 이름은 바로 '유채꽃'이지요.

● 꽃말: 쾌활함, 조화

SPRING

047
니겔라

'흑종초'라고도 합니다. 섬세한 분위기를 풍기는 꽃으로, 꽃의 색상은 파란색 외에도 흰색, 분홍색 등이 있으며 열매는 드라이플라워로도 쓰여요.

- 꽃말: 불굴의 정신

048
남바람꽃

봄이면 작고 하얀 사랑스러운 꽃을 피웁니다. 어린잎은 식용으로 사용하기도 해요.

- 꽃말: 협력

SPRING

049
버지니아 스톡

네 개의 작은 꽃잎이 십자 모양으로 펼쳐지며 핍니다. 처음에 필 무렵에는 흰색이지만 점차 분홍색이나 파란색으로 변하기 때문에 흰색과 분홍색, 파란색이나 보라색이 섞여있는 것처럼 보여요.

- 꽃말: 섬세함, 우아한 아름다움

050
봄구슬붕이

선명한 남보랏빛의 꽃잎이 아름다우며, 산과 들의 양지바른 습지에서 볼 수 있어요. 용담과(龍膽科)의 식물은 가을에 꽃이 피지만, 봄구슬붕이는 봄에 꽃이 피기 때문에 이름에 '봄'이 붙었어요.

- 꽃말: 고귀, 진정한 부드러움

SPRING

051
히라기소

남보랏빛 꽃이 피며 산지의 나무그늘 등에서 볼 수 있습니다. 톱니처럼 생긴 잎이 호랑가시나무의 잎과 닮아서 '호랑가시풀'이라는 뜻의 이름으로 불리고 있습니다. 일본 고유종이에요.

● 꽃말: 그늘이 있는 아름다움

052
종이꽃

오스트레일리아가 원산지인 종이꽃의 또 다른 이름은 '로단테'. 종이처럼 바삭바삭한 질감의 꽃이라 드라이플라워로 자주 사용되지요.

● 꽃말: 비상, 변치 않는 마음

SPRING

053
레우코스페르뭄

꽃이 바늘을 꽂아두는 핀쿠션처럼 생겼다고 해서 '핀쿠션'이라고도 불려요. 봉오리에서 한 가닥 한 가닥씩 풀어지듯이 꽃이 펴요.

- 꽃말: 공영

054
큰구슬붕이

봄에 작은 남보랏빛 꽃을 피우는 용담과의 식물이에요. 봉오리의 생김새가 붓을 닮아 일본에서는 '후데린도(筆竜胆, 붓용담)'라고 불려요. 봄구슬붕이와 비슷하게 생겼답니다.

- 꽃말: 성실, 진실된 사랑

SPRING

055
베니듐

빛이 잘 드는 곳을 좋아해요. 주황색이나 흰색 등이 있으며, 남아프리카가 원산지입니다. '케이프 데이지'라고도 해요.

● 꽃말: 간절한 기쁨

056
금잔화

선명한 주황색이나 노란색의 꽃이 펴요. 향이 강해서 꽃잎을 잘게 찢어 샐러드에 넣거나 사프란 대용으로 쓰여요. 요리에 색감을 살리는 데 쓰이기도 합니다. '포트 메리골드', '카렌듈라'라고도 하지요.

● 꽃말: 자애, 소녀의 아름다운 모습

SPRING

057
보로니아

옅은 분홍색이나 연보라색의 꽃으로, 둥근 구슬 같은 봉오리도 귀여워 인기가 있어요. 꽃말이 '방향(芳香)'인 것처럼 좋은 향기가 난답니다.

● 꽃말: 방향, 마음이 온화해지다

058
미니 장미

미니 장미의 작고 귀여운 분위기를 표현해봤어요. 종류가 많은 만큼 꽃의 색도 다양해요. 선물로도 자주 쓰이죠.

● 꽃말: 사랑, 아름다움

SPRING

059
미모사

방울처럼 귀여운 노란 꽃이 피는, '꽃아카시아'라는 별칭을 가진 식물입니다. 세련된 외양과 좋은 향기로 사랑받고 있어요.

● 꽃말: 풍부한 감수성

060
라넌큘러스 골드코인

에나멜 같은 광택이 도는 노란색 꽃잎을 가진, 작고 귀여운 꽃잎이 잔뜩 달립니다.

● 꽃말: 부, 영광

SPRING

061
죽단화 (겹황매화)

발걸음을 멈춰 세우게 할 법한, 선명한 노란빛이 아름다운 꽃입니다. 꽃잎이 넘칠 듯이 피는 모습이 특징이에요.

● 꽃말: 기품, 숭고함

062
수레국화

봄부터 여름에 걸쳐서 피는 꽃이에요. 꽃이 수레바퀴를 닮았다고 해서 이런 이름이 되었다고 합니다. 섬세하고 산뜻한 아름다움을 디자인했습니다.

● 꽃말: 신뢰

SPRING

063
라넌큘러스

꽃꽂이로 쉽게 볼 수 있는 인기 높은 꽃. 꽃잎이 여러 겹으로 겹쳐진, 화려하면서도 볼륨감 있는 모습을 표현했습니다.

- 꽃말: 명예, 매력

064
루콜라

허브의 일종으로, 어린잎은 오래전부터 샐러드 등에 넣어 식용으로 쓰이고 있습니다. 영양가가 높으며, 깨와 비슷한 풍미가 있다고 하죠. 루콜라의 봉오리와 꽃을 표현해봤어요.

- 꽃말: 경쟁

SPRING

065
루나리아

독특한 열매 모양이 달과 닮았다고 해서 달을 의미하는 라틴어 '루나'에서 따와 이러한 이름이 되었다고 해요. 꽃은 자주색이 일반적이지만, 달을 떠올리며 노란색으로 변형해봤어요.

- 꽃말: 정직

066
주황철쭉(렌게츠츠지)

주황색의 아름다운 꽃이 피며, 습지나 초원에서 볼 수 있습니다. 꽃들이 모여서 피는 것이 특징이에요. 일본 원산으로, 줄기에 독이 있습니다.

- 꽃말: 정열, 견실

SPRING

067
물망초

영어명으로 나를 잊지 말라는 뜻의 'Forget-me-not'을 번역한 이름입니다. 사랑스러운 꽃잎의 푸른색이나 보라색과 중앙의 노란 색이 이루는 아름다운 대비를 표현했습니다.

● 꽃말: 나를 잊지 마시오

068
왁스플라워

호주가 원산지이며 꽃잎이 밀랍 세공처럼 반들반들해서 이러한 이름이 되었다고 해요. 둥근 물방울 같은 봉오리가 달려있어요.

● 꽃말: 귀여움

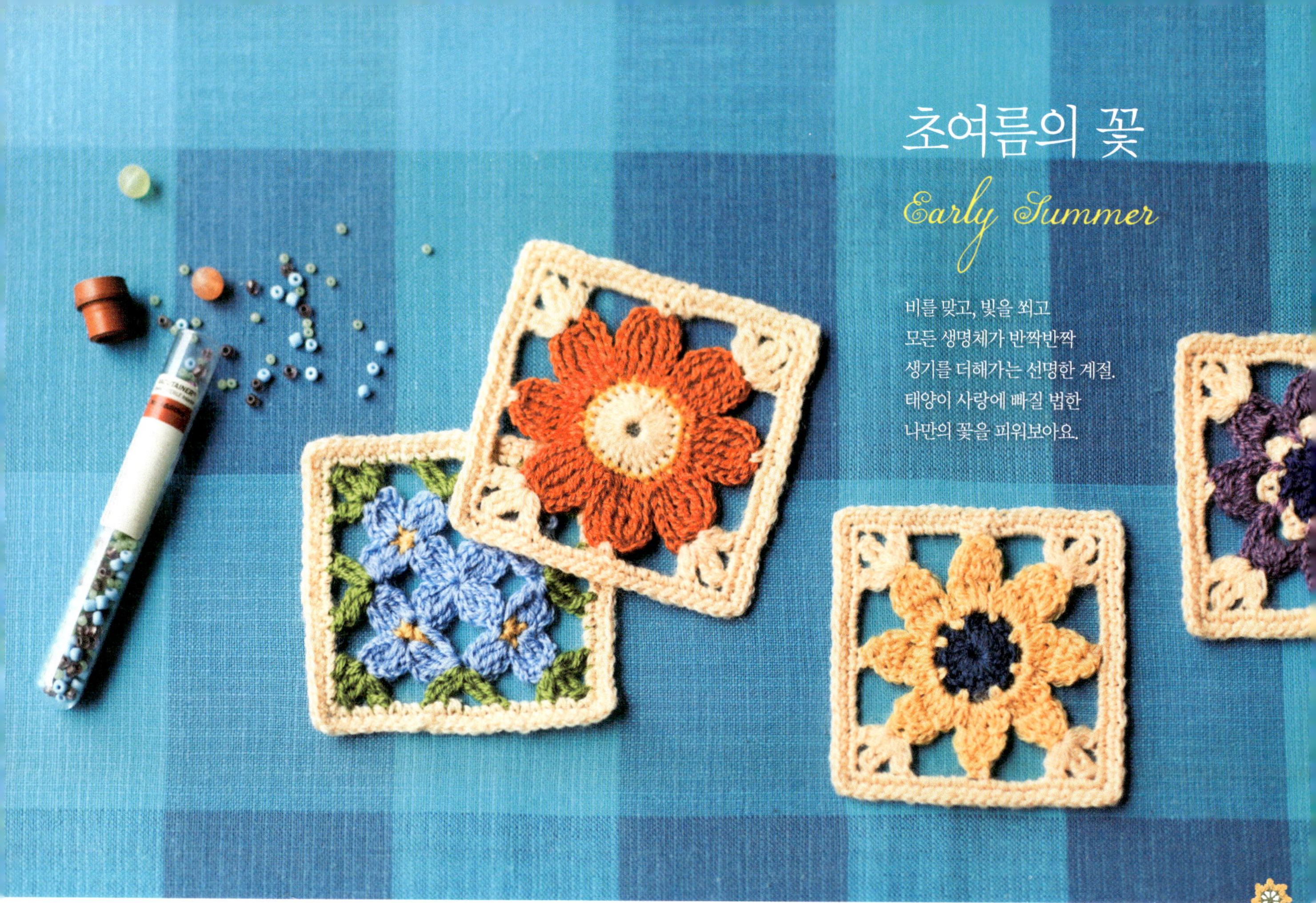

초여름의 꽃
Early Summer

비를 맞고, 빛을 쬐고
모든 생명체가 반짝반짝
생기를 더해가는 선명한 계절.
태양이 사랑에 빠질 법한
나만의 꽃을 피워보아요.

서양산사나무

분홍 색깔의 작은 꽃이 모여 피는 모습은 머리핀으로 쓰고 싶을 정도로 사랑스러워요.

● 꽃말: 희망

EARLY SUMMER

070
분홍달맞이꽃

달이 뜨는 저녁에 연한 분홍빛 꽃이 피는 데서 분홍달맞이꽃이라는 우아하고 아름다운 이름을 갖게 되었어요. 전국 각지에서 볼 수 있는 식물입니다.

● 꽃말: 겁

071
아킬레기아

'매발톱꽃'이란 이름으로 국내에서도 매우 친숙한 꽃입니다. 꽃 모양이 독특하고, 남보라나 보라를 비롯해 분홍, 하양 등 다양한 색의 꽃이 있어요.

● 꽃말: 승리, 솔직함

EARLY SUMMER

072
수국

다양한 종류가 있는, 너무나도 친숙한 바로 그 꽃이에요. 장마철에 무리 지어 흐드러지게 핀 모습을 표현했어요.

● 꽃말: 가족의 결속, 강한 애정

073
과꽃

초여름

초여름부터 가을에 걸쳐 흰색, 빨간색, 분홍색, 보라색 등의 사랑스러운 꽃이 피지요.

● 꽃말: 변화, 동감

꽃말은 꽃의 색이나 형태, 향기 등에서 이미지화한 것으로 나라나 지역에 따라 큰 차이가 있기도 합니다. 또한, 여러 가지 꽃말을 가진 경우도 있습니다.

EARLY SUMMER

아나나스

원래는 파인애플의 다른 이름이지만, 최근에는 다양한 종류의 파인애플과 관엽식물의 총칭으로 쓰이고 있어요. 기둥 중심에서 꽃줄기를 곧게 뻗어 이삭 모양으로 꽃을 피우는 모습이 독특하답니다.

- 꽃말: 당신은 이상적, 저장해두다

075

서양 봉선화 (임파첸스)

붉은색이나 분홍색, 흰색 등 색이 선명한 꽃이 흘러넘칠 듯이 잔뜩 핍니다. 꽃이 피어있는 기간이 길어 원예용으로도 인기가 있어요.

- 꽃말: 풍부함, 강한 개성

EARLY SUMMER

애스터

'과꽃'을 영어로 애스터라고 해요. 작고 예쁜 꽃이 잔뜩 피며 그 모양도 색깔도 풍부합니다.

● 꽃말: 추억, 믿는 힘

077

연등심붓꽃

초여름

초여름에 옅은 남보랏빛의 작은 꽃이 핍니다. 꽃이 지면 둥근 열매가 맺혀요.

● 꽃말: 사랑스러운 사람, 풍부함

EARLY SUMMER

078

섬꽃마리

산지에서 볼 수 있는 작고 귀여운 꽃이에요. 색은 연한 남보라색인데, 작아서 눈에 쉽게 띄지 않아요.

● 꽃말: 꿈결 같은 기분

079

가자니아

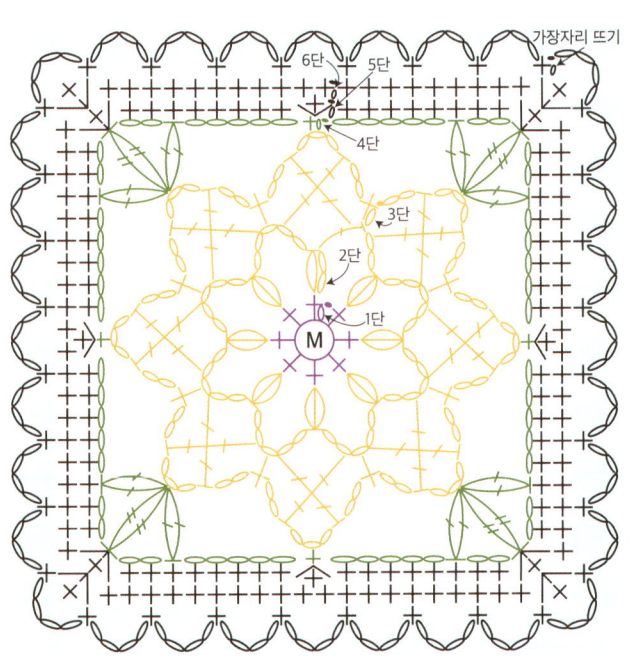

훈장처럼 선명한 꽃이라 일본에서는 훈장국화라는 뜻의 '군쇼기쿠(勳章菊)'라고도 불린대요. 태양 빛 아래 반짝이는 꽃잎이 아름다워요. 우리나라에서는 '태양국'이라고도 한답니다.

● 꽃말: 결백

EARLY SUMMER

080
칼미아

활짝 펼친 우산 같은 독특한 모양의 꽃이에요. 봄에서 초여름에 걸쳐 분홍색이나 흰색 꽃을 피웁니다.

● 꽃말: 칭찬

081
캄파눌라 미디엄

초여름

꽃 모양 때문에 우리나라에서는 '풍경초'나 '초롱꽃'이라고 불리는 사랑스러운 꽃으로 종류가 다양해요. 주로 파란색이나 보라색이 많고 산뜻하고 시원한 인상이에요.

● 꽃말: 감사

EARLY SUMMER

082
글록시니아

주로 실내에서 화분에 심어 기르는 용도로 인기가 많은 글록시니아. 부드러운 광택에서 풍기는 고급스러운 분위기를 표현했습니다.

● 꽃말: 요염한 아름다움

083
제라늄

원예용으로도 인기가 있으며, 비교적 튼튼하고 꽃의 종류도 다채로워요. 산뜻한 색의 꽃이 잔뜩 펴서 정원을 채워준답니다. '쥐손이풀', '풍로초' 등으로도 불려요.

● 꽃말: 쾌활함, 악의 없는 순수함

EARLY SUMMER

084
고데티아

얇은 종이처럼 매끄러우면서 광택이 도는 꽃잎이 특징입니다. 보라색 외에도 빨강, 분홍색, 흰색 등 화려한 색이 있으며, 투명감이 있는 고급스러운 인상입니다.

- 꽃말: 변치 않는 뜨거운 사랑

085
하코네바라

잎이 산초나무의 잎을 닮아서 '산초 장미'라고도 불려요. 일본 고유 종으로, 아름다운 분홍빛의 크고 둥근 꽃을 피웁니다.

- 꽃말: 따뜻한 마음

EARLY SUMMER

086
작약

미인을 비유할 때 자주 등장하는 꽃으로, 굉장히 인기가 높아요.
꽃잎이 서로 겹치는 화려한 모습을 이미지화했습니다.

- 꽃말: 수줍음, 다소곳함

087
실라 페루비아나 (페루비아나 무릇)

짙은 보라색이나 흰색을 띤 작은 꽃이 잔뜩 피며, 사랑스러운 모습으로 시선을 끕니다.

- 꽃말: 참을성이 있다

EARLY SUMMER

088
스타티스

분홍, 노랑, 주황, 파랑, 하양 등 색이 다채롭고, 사랑스러운 꽃입니다. 드라이플라워로도 인기예요.

● 꽃말: 변치 않는 마음

089
달리아

초여름

존재감 넘치는 달리아는 태양을 닮은 꽃으로, 꽃꽂이의 주역을 맡기도 합니다. '천축모란'이라고 불리기도 해요. 품종이 매우 다양해요.

● 꽃말: 화려함, 우아함

EARLY SUMMER

090
차이브 (골파)

남보랏빛의 꽃을 팡팡 피우는 모습이 귀여워 인기예요. 우리가 자주 먹는 파와는 사촌지간이며 잎은 향신료처럼 식용으로 이용됩니다.

● 꽃말: 유연성

091
일일초

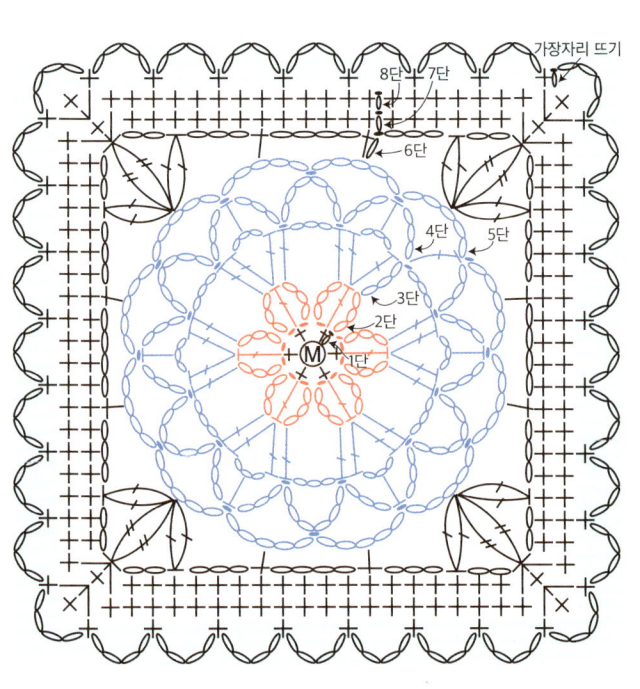

봄부터 초여름에 걸쳐서 꽃이 핍니다. 키가 그리 크지 않은 아름다운 꽃과 잎이 지면을 덮어가며 널리 펼쳐집니다. '빈카 마요르'라고도 불러요.

● 꽃말: 소꿉친구, 즐거운 추억

EARLY SUMMER

092
천축모란

'달리아'의 한자 이름이에요. 꽃은 볼 만한 가치가 있으며, 기품이 감돕니다. 오랜 시간에 걸쳐 품종 개선을 해와서 그 형태와 색이 매우 다양해요.

- 꽃말: 기품, 화려함, 감사

093
꽃담배(니코티아나)

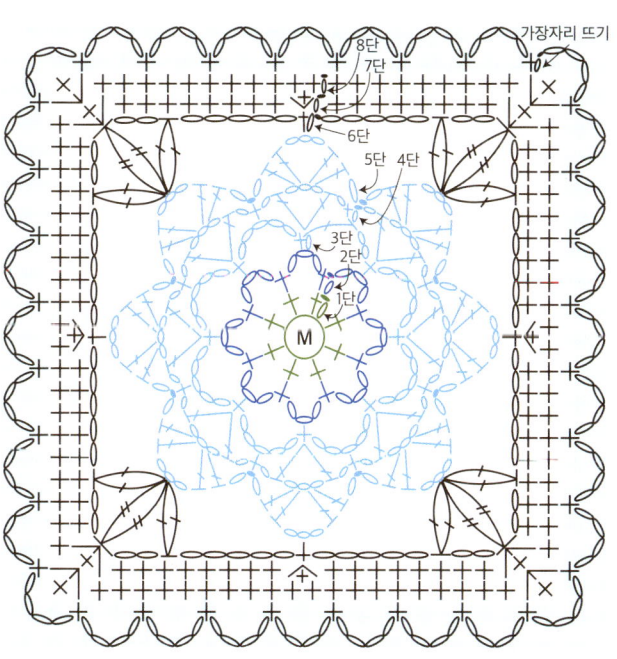

초여름

컬러는 빨강이나 분홍, 보라, 하양 등의 변형이 있으며 좋은 향기가 나는 예쁜 꽃이에요.

- 꽃말: 당신이 있다면 외롭지 않다, 교류

EARLY SUMMER

094
버베나

봄부터 가을까지 작은 꽃들이 무리 지어 피는 버베나의 귀여운 모습을 이미지화했습니다.

- 꽃말: 가족애, 단결, 기원

095
빈카 미노르

원예용으로 재배되는 일일초보다 조금 더 작아요. 보통 '빈카'라고 하면 빈카 미노르를 가리켜요.

- 꽃말: 다정한 추억

EARLY SUMMER

096
제충국

벌레를 잡는 살충제에 쓰이는 허브로 '피레트럼'이라고도 해요. 잘 정돈된 아름다운 꽃 형태와 밝은 색채로 어디에나 잘 어울려 꽃꽂이나 정원수로 인기 있어요.

- 꽃말: 남몰래 하는 사랑

097
빈카 마요르

초여름

옅은 남보라색이나 자주색, 흰색의 귀여운 꽃이 핍니다. 꽃은 기둥 형태이며, 유럽에는 이 꽃을 몸에 지니고 있으면 번영과 행복을 가져다준다는 말이 있대요. '일일초'라고도 불립니다.

- 꽃말: 미소, 다정한 추억

EARLY SUMMER

불비네 프루테스센스

꽃대가 고양이 꼬리를 닮았다고 해서 '캣츠테일(Cat's tail)'이라고도 합니다. 초여름에 꽃대를 길게 뻗어 노랑, 주황, 하양 등의 작은 꽃을 피웁니다. 소박한 귀여움을 이미지화했어요.

● 꽃말: 부활, 건강

099

브로디아

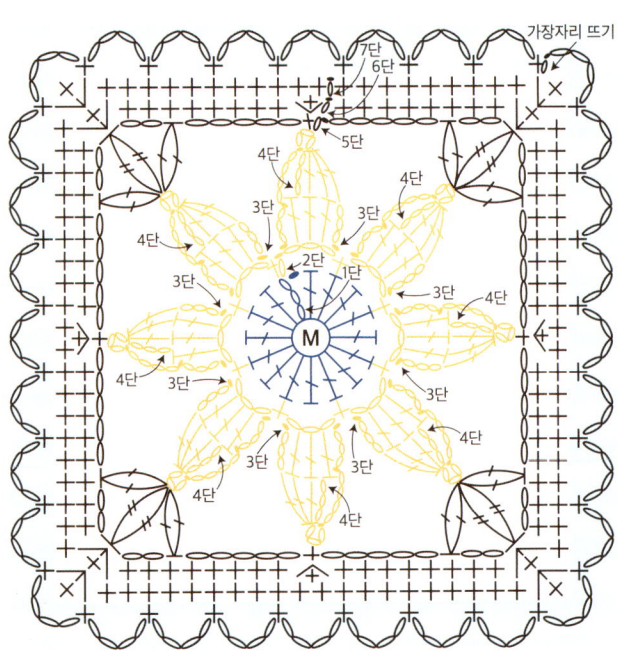

튼튼해서 원예식물로 인기가 있으며 작고 사랑스러운 꽃이 잔뜩 핍니다. 어떤 꽃과도 아름답게 조화를 이뤄요.

● 꽃말: 아련한 사랑, 호의

EARLY SUMMER

100
씀바귀

국화과의 식물입니다. 들판이나 논두렁 등에서 볼 수 있는 연약함과 귀여움을 지닌 꽃이에요.

● 꽃말: 검소

101
사철채송화

초여름

꽃잎은 소나무의 잎을 닮아 가늘고 길며, 꽃은 국화처럼 생겼지만 국화과 식물은 아니에요. 꽃 색상은 다양하며 광택이 돌아 아름답습니다. '송엽국', '솔잎채송화'라고도 해요.

● 꽃말: 마음 넓은 사랑

69

EARLY SUMMER

102
피버퓨 (화란국화)

흰색이나 노란색 등 작은 꽃을 여러 개 피웁니다. 사랑스럽고 소박한 이미지를 표현했습니다.

● 꽃말: 모으는 기쁨

103
미즈타비라코

산지의 물가 등 습도가 높은 곳에서 볼 수 있어요. 매우 작고 사랑스러운 남보라색의 꽃이에요. 일본 고유종입니다.

EARLY SUMMER

104
분홍민들레

민들레와 비슷하게 생긴 귀여운 꽃입니다. 잔뜩 피어있는 모습을 보면 마음이 온화해집니다. '크레피스'라고 부르기도 합니다.

- 꽃말: 따뜻한 마음

105
리빙스톤 데이지

초여름

중앙의 짙은 갈색의 꽃술과 꽃잎의 대비가 극명한 화려한 꽃이에요. 자주색, 분홍색, 주황색 등의 꽃이 있으며, 섬세한 꽃잎을 표현했습니다.

- 꽃말: 빛나는 눈동자, 화려함, 명랑한 사람

EARLY SUMMER

106

백합

격조 있는 모습 때문에 아름다움을 표현할 때 주로 비유되는 백합.
다양한 색과 모양의 품종이 만들어져 전 세계에서 사랑받고 있지요.

● 꽃말: 순결

107

레위시아

사랑스럽고 화려한 꽃으로 인기 있어요. 주황색이나 분홍색, 흰색
등 색의 베리에이션이 풍부하답니다.

● 꽃말: 아련한 마음

여름의 꽃
Summer

바다로 산으로 휴가를 즐기러 가는
활기찬 여름도 좋지만,
차가운 디저트를 먹으며
좋아하는 뜨개질을 하며 보내는
시원한 여름은 더 행복하지요.

 108

나팔꽃

 초여름
 여름

대표적인 여름 꽃으로, 많은 사람들에게 사랑받고 있어요. 여러 가지 색이 있으며, 더운 시기에 시원함을 느낄 수 있게 해주지요.

● 꽃말: 애정

이 책에 실린 모티브는 꽃이 가진 이미지를 기반으로 손뜨개를 즐길 수 있도록 디자인한 것입니다. 꽃의 색이나 형태, 꽃잎의 개수 등은 실제와 다릅니다.

SUMMER

109

산수국(툰베리산수국)

중앙의 꽃을 꽃받침이 에워싸고 있는 귀여운 모습을 디자인했습니다. 어린잎을 말리면 단맛이 나는 '감차'가 돼요.

● 꽃말: 지복, 겸허

110

아메리칸 블루

줄기 끝에 나팔꽃을 축소한 것 같은 작은 파란 꽃이 피며, 봄부터 가을까지 오랜 기간에 걸쳐 사랑스러운 꽃을 즐길 수 있습니다.

● 꽃말: 넘치는 생각

SUMMER

돌바늘꽃

산속의 습지 등에서 볼 수 있는 매우 작은 꽃. 살짝 칼집을 넣은 듯한 꽃잎의 귀여움을 디자인했습니다.

● 꽃말: 순결

112

이와기쿄

바위 근처 등에서도 늠름하게 피는, 도라지꽃의 친구입니다. 우리말로는 '바위 도라지'란 뜻으로 늦여름에 키에 비해 커다란 남보라색의 꽃이 핍니다.

● 꽃말: 성실

꽃말은 꽃의 색이나 형태, 향기 등에서 이미지화한 것으로 나라나 지역에 따라 큰 차이가 있기도 합니다. 또한, 여러 가지 꽃말을 가진 경우도 있습니다.

갯봄맞이

바닷가의 습지에서 볼 수 있어요. 흰색이나 연한 분홍색의 아름다운 꽃이에요.

에델바이스

하얀 솜털로 덮인 잎은 아름답고 고귀하며 로맨틱한 분위기를 풍겨요. 우리나라의 솜다리와 비슷해요.

● 꽃말: 소중한 추억, 용기

SUMMER

115
에키네이셔

'자주천인국'이라고도 해요. 연자주색이나 흰색 등의 꽃이 핍니다. 꽃이 피면서 꽃술이 점점 올라가는 게 특징입니다.

● 꽃말: 깊은 사랑, 부드러움

116
에조키스게

해안의 모래 언덕이나 초지 등에서 볼 수 있고, 저녁에 피기 시작해요. 부드러운 분위기의 노란 꽃잎이 인상적인 꽃입니다. 원추리와 닮았지만, 일본 고유종이에요.

● 꽃말: 마음이 편안해지는 사람

SUMMER

117
삼잎국화

커다란 노란색 꽃이며, 약간 아래로 늘어진 가늘고 긴 잎이 특징. 무리 지어 피는 모습을 흔히 볼 수 있습니다.

● 꽃말: 정의, 강한 정신력

118
가우라

나비가 날개를 펼친 모습에 비유되는 섬세한 아름다움이 매력으로, 한여름에도 꽃을 피울 정도로 생명력이 강인한 식물이에요. 꽃잎의 색에 따라 '백접초', '홍접초' 등으로 불려요.

● 꽃말: 청초함, 신비

SUMMER

국화마

옅은 황록색의 소박한 꽃이 핍니다. 단풍마와 닮았지만 다른 식물이니 주의!

---

120 루드베키아

여름이면 어디에서나 쉽게 볼 수 있는 꽃으로, 줄기는 질긴 털로 덮여 있으며 잎은 까칠까칠해요. '원추천인국'이라고도 합니다.

● 꽃말: 정의

여름

SUMMER

121
노랑코스모스

꽃도 크기도 코스모스에 비해서 다소 작아요. 노란색이나 주황색 등의 선명한 꽃 컬러가 활기를 더해줘요.

● 꽃말: 야생미

122
구근베고니아

깔끔하게 정돈된 꽃이 인상적이에요. 꽃잎의 컬러가 연출하는 아름다움과 화려함을 표현했습니다.

● 꽃말: 짝사랑

SUMMER

123
금귤

초여름부터 가을에 걸쳐 3~4회 개화하며, 동그란 노란색 열매가 맺혀요. 열매는 달아서 껍질째 먹을 수 있으며 조림으로도 인기가 있습니다. 귀여운 열매를 표현해봤어요.

● 꽃말: 추억

124
은배초(은잔화)

여름이 되면 부드러운 분위기의 하얀 꽃을 차차 피웁니다. 중심은 노란색을 띠며, 달콤하고 상쾌한 향이 납니다.

● 꽃말: 착실한 행동

SUMMER

125
크로산드라

꽃은 열대성 식물답게 주황색이나 노란색이 많으며, 나비가 날개를 펼친 듯한 형태의 꽃잎이 겹쳐진 우아한 모습이 인상적이에요.

● 꽃말: 이상적인 아름다움, 겸허

126
검은낭아초

짙은 자주색의 독특한 꽃이 핍니다. 꽃받침을 늑대의 송곳니(낭아, 狼牙)에 비유해서 이런 이름이 되었다고 하네요.

● 꽃말: 희망

SUMMER

127
쿠로유리

살짝 아래를 향해 피는 모습이 멋이 있으며, 우리말로 '검은 백합'이라는 뜻처럼 꽃잎이 검은색에 가까운 암자색입니다. 중앙 꽃술의 노란색과의 대비가 아름다워 시선을 끌어요.

● 꽃말: 사랑, 이국적

128
홍화민들레

여름

중앙의 노란색에서 꽃잎 끝의 선명한 주황색까지 그러데이션이 있는 꽃의 아름다움을 디자인했습니다. '주홍조밥나물'이라고도 해요.

● 꽃말: 사물을 분별하는 힘

SUMMER

129
코바노카모메즈루

우리말로 직역하면 '작은 잎의 갈매기 덩굴'이란 뜻으로 잎이 갈매기의 날개와 닮아서 이런 이름이 되었다는 말이 있어요. 박주가리과의 덩굴성 식물로, 가느다란 갈색 꽃을 피웁니다.

● 꽃말: 당신은 귀엽다

130
금계국

봄부터 가을에 걸쳐 꽃이 핍니다. 꽃의 색은 품종에 따라 노란색이나 자주색, 분홍색, 흰색 등이 있습니다. 튼튼하고 밝고 건강한 이미지를 표현했어요. 기생초도 금계국의 일종이에요.

● 꽃말: 사랑의 시작, 진심

SUMMER

131
남오미자

부드러운 노란색과 흰색이 인상적인, 작지만 기품 있는 꽃이에요.
가을이 되면 아름다운 빨간색의 열매가 열려요.

● 꽃말: 재회

132
삼색메꽃

꽃 한 송이에 파랑, 하양, 노랑 세 가지 색을 모두 가진 삼색메꽃의
아름다운 대비를 디자인했어요.

● 꽃말: 인연, 연

SUMMER

133
익소라

선명한 색의 꽃과 광택이 있는 잎 덕분에 관상용으로 사랑받고 있어요. 꽃이 가진 화려함을 이미지화했어요.

● 꽃말: 기쁨

134
수련

이집트에서는 '나일 강의 신부'라고 불리는 수련. 수면에 사랑스럽게 핀 수련의 모습을 디자인했어요.

● 꽃말: 마음의 순결, 신뢰

SUMMER

135
수련목

분홍색이나 연보라색의 고급스러운 꽃이 피며, 초록색 잎은 아름다운 광택을 발산해요. 이끼 화분에 심어 관상용으로도 사랑받고 있습니다.

● 꽃말: 순결, 상냥함

136
스카비오사

남보라색의 아름다운 꽃이 여름부터 가을에 걸쳐 피는 스카비오사는 '솔체꽃'이라고도 한답니다.

● 꽃말: 실연, 감수성이 예민하다

SUMMER

137
스토케시아

들쭉날쭉한 모양의 옅은 남보라색 꽃잎이 많이 달려있어요. 섬세한 인상의 꽃을 표현했습니다.

● 꽃말: 회고, 추억

138
제피란테스 (나도사프란)

꽃은 살짝 광택이 돌며 깔끔하게 잘 정돈된 모양이에요. 흰색, 분홍색, 노란색 등 다양한 색상의 구근식물입니다.

● 꽃말: 순백의 사랑, 투명한 사랑

SUMMER

139
타테야마린도

습지에서 자라는 아름다운 푸른색의 작은 꽃입니다. 청초하고 귀여운 모습이 인기예요. 봄구슬붕이의 변종으로 일본에서는 멸종위기 식물로 지정되어있어요.

● 꽃말: 근심

140
오미자

여름

산지의 길가나 숲 등에서 볼 수 있는 하얗고 귀여운 꽃이에요. 열매는 건조시켜 한방 약재로 써요.

SUMMER

141
채송화

여름철 꽃밭에 빨강이나 분홍, 노랑, 하양 등 다채로운 색을 더하는 꽃입니다.

● 꽃말: 애처로움, 순수

142
툴바기아

보랏빛이 감도는 분홍색의 아름다운 꽃이에요. 달콤한 향이 나지만, 줄기나 잎에서는 부추와 비슷한 향이 나요.

● 꽃말: 잔향

SUMMER

143
튠베르기아

꽃잎의 등황색과 꽃 중심의 선명한 어두운 색의 대조를 표현했어요. 더위에 강한 덩굴성 식물이에요.

● 꽃말: 아름다운 눈동자

144
델피니움

아름다운 파란색을 대표하는 델피니움은 길게 뻗은 꽃대에 이삭이 열리듯 꽃이 잔뜩 달려 피는 것이 특징이에요. 파란색 외에도 흰색, 분홍색, 보라색 등이 있어요.

● 꽃말: 고귀, 자비

SUMMER

145
시계초

화분 등에 심어 관상용으로 사랑받고 있어요. 꽃의 형태가 마치 시계 같아서 이러한 이름으로 불리게 된 독특한 꽃입니다.

● 꽃말: 성스러운 사랑

146
금련화

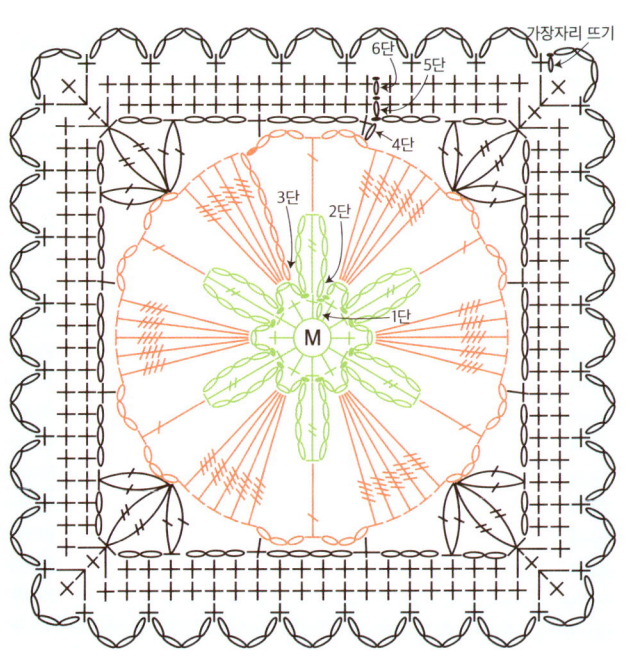

연잎을 작게 줄인 듯한 원의 형태의 잎에, 금색 꽃이 핀다고 해서 이러한 이름이 붙었습니다. 꽃은 주황, 빨강, 살몬 핑크, 노랑 등 선명한 색상이에요. '한련' 혹은 '네스트리움'이라고도 해요.

● 꽃말: 애국심, 역경을 극복하다

SUMMER

147
노각나무

한국 특산 나무로, '금수목'이라고도 불러요. 시원시원한 인상의 흰색 꽃이 피는 나무로, 산뜻한 정취를 풍겨 사랑받고 있어요.

● 꽃말: 사랑스러움

148
능소화

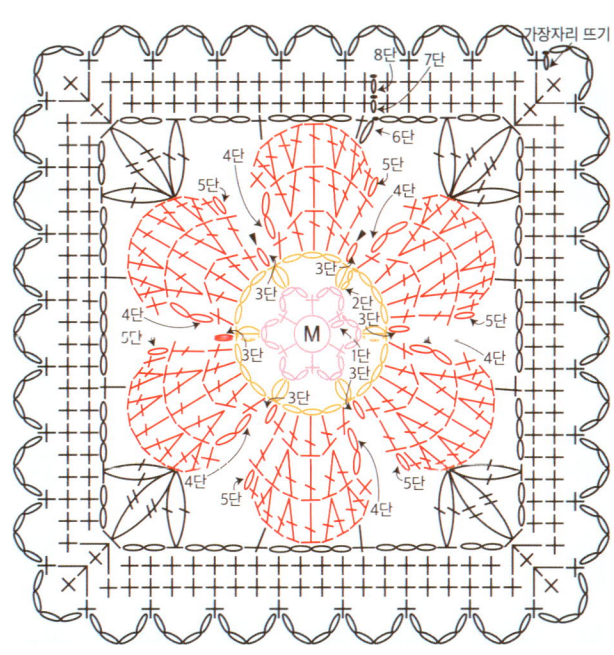

꽃 한 송이의 수명은 짧지만, 계속해서 선명하고 아름다운 주황색의 꽃이 핍니다. 중국이 원산지래요.

● 꽃말: 영광

SUMMER

149
해당화

해안가에서 군생하며 꽃이 핀 후, 반들반들한 빨간 열매가 맺혀요.
해당화의 잎과 꽃의 대비를 디자인했어요.

● 꽃말: 행복의 맹세

150
기생초

중앙은 적갈색, 주변은 노란색의 아름다운 꽃이에요. 코스모스를
닮았답니다.

● 꽃말: 좋은 기분, 쾌활함

SUMMER

151
하늘바라기

해바라기를 작게 축소한 듯한 주황색이나 노란색의 꽃이에요. 홑 겹으로 피는 것 외에도 여러 겹으로 피는 것도 있습니다.

● 꽃말: 동경, 숭배

152
백일홍

잔주름이 있는 꽃이 가지 끝에 모여, 불꽃놀이를 하듯 화려하게 핍니다. 붉은색 꽃이 오랜 기간(100일) 동안 핀다는 데서 이런 이름이 되었다고 해요.

● 꽃말: 웅변

여름

SUMMER

153
부용

아침에 피어서 저녁에 지지만, 오랜 기간 잇따라 꽃이 핍니다. 예부터 아름다운 사람을 비유할 때 이 꽃에 빗대어 표현했으며, 단아한 분위기의 꽃입니다.

- 꽃말: 섬세한 아름다움, 단아함

154
프라도 레드

적갈색의 프라도 레드는 해바라기 품종의 하나로 '붉은 해바라기'라고도 불려요. 화려하고 강렬한 모습을 표현했습니다.

- 꽃말: 동경, 숭배

SUMMER

155
계요등(鷄尿藤)

여름이면 작은 꽃이 피고, 가을에 둥근 열매가 맺힙니다. 가지나 잎을 구기면 닭의 오줌 냄새가 난다고 해서 이런 이름이 되었다고 해요. '구렁내덩굴'이라고도 한대요.

● 꽃말: 의외성이 있는, 오해를 풀고 싶다

156
밀짚꽃

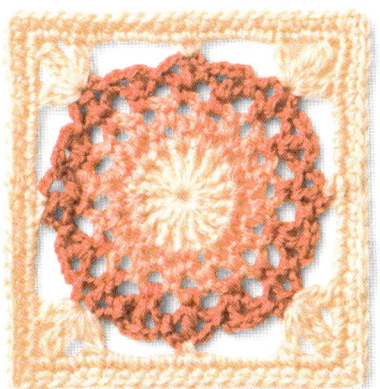

여름

꽃의 색상은 다양하고, 꽃이 피는 기간도 깁니다. 꽃은 가을가슬해서 드라이플라워에 적합해요. 영어로는 '헬리크리섬'이라고 합니다.

● 꽃말: 영원한 추억

SUMMER

157 펜타스

더위에 강하며 화분 등에 심어 즐길 수 있습니다. 작고 사랑스러우며 소박한 분위기를 지닌 꽃이에요. 우리나라에서는 '이집트별꽃', '펜타스 란체올라타' 등으로 불러요.

● 꽃말: 소원, 성실

158 포틀라카

꽃 색이 다양하고 주로 화단 등에 심어 키웁니다. 잇따라 형형색색의 꽃을 피우는 모습은 볼 만한 가치가 있지요. 한국에서는 '태양꽃'이라고도 해요.

● 꽃말: 언제나 건강하기를

SUMMER

159
좁은잎백일홍

많은 꽃이 핍니다. 이름처럼 폭이 좁은 잎이 특징이에요. 꽃이 갖고 있는 사랑스러운 분위기를 표현했습니다.

● 꽃말: 친구를 향한 마음

160
하루살이꽃

원예용으로도 자주 재배되는 인기 있는 꽃으로, 낮에 피었다 밤에 진다고 해서 하루살이꽃으로 불려요. 잎이 소나무 잎을 닮은 '채송화'의 다른 이름이에요.

● 꽃말: 천진함, 귀여움

여름

SUMMARY

161
마츠모토센노

꽃차로도 사용될 정도로, 청초한 분위기가 매력인 꽃입니다. 우리 나라의 동자꽃과는 종이 다르답니다.

- 꽃말: 명예

162
금달맞이꽃

달맞이꽃의 다른 이름으로, 저녁에 달을 맞이하며 피는 모습에서 이러한 이름이 지어졌다고 해요. 아름다운 꽃입니다.

- 꽃말: 변덕

SUMMER

163
당아욱

아름답고 시원한 인상의 꽃으로 허브티로 즐길 수 있습니다. 뜨거운 물을 부으면 아름다운 파란색 차가 되며 여기에 레몬을 띄우면 분홍색으로 변해요. '멜로', '금규'라고도 합니다.

● 꽃말: 온순함, 은혜

164
물옥잠

여름

남보라색 꽃이 피며, 잎은 하트 모양으로 두껍고 광택이 돕니다. 청초하면서도 시원한 인상이에요.

● 꽃말: 전도양양

SUMMER

워터 바코파

두꺼운 잎 사이에서 자그마한 꽃이 핍니다. 연한 파란색이나 남보라색 등의 꽃이 있으며, 습지 등에서 볼 수 있어요.

● 꽃말: 작은 강인함

166

부처꽃

쭉 뻗은 줄기에 소박한 꽃이 핍니다. 백중(白中)에 연꽃 대신 부처님께 바치는 데서 부처꽃이라는 이름이 붙었다는 유래가 있지만, 확실하진 않아요.

● 꽃말: 비애

SUMMER

167
헬리크리섬

꽃이 말린 밀짚처럼 바삭바삭해서 '밀짚꽃'이라고도 불립니다. 붉은색이나 흰색, 노란색 등 다양한 색의 꽃이 계속해서 피어 사랑스러운 모습을 연출해요.

● 꽃말: 영원한 기억, 추억

168
겹달맞이꽃

이름처럼 달을 맞이하며 피는 꽃입니다. 씨에서 기름을 짜낸 달맞이꽃 종자유는 달고 부드러운 향기로 마음을 진정시켜줘서 인기 있어요.

● 꽃말: 미인

SUMMER

169 멜람포디움

선명한 노란색의 작은 꽃이 가지를 덮듯이 핍니다. 그 모습은 아름답고 인상적이에요.

● 꽃말: 건강, 당신은 사랑스럽다

170 모나르다

잎이나 줄기에서 약간의 향이 납니다. 튼튼한 식물로 원예용이나 허브로 즐길 수 있습니다.

● 꽃말: 활발, 계속 불타오르는 마음

모미지카라마츠

줄기 끝에 동그란 모양의 흰색 꽃이 여러 개 달리는 모습이 섬세하고 시원한 인상을 줍니다. 일본 고유종입니다.

● 꽃말: 자기다움

172

란타나

봄부터 가을에 걸쳐 선명한 색조의 작은 꽃이 모여서 피는 모습을 이미지화했어요. 하나의 꽃으로 여러 가지 색을 즐길 수 있어서 '칠변화'라고도 해요.

● 꽃말: 협력, 엄격

SUMMER

에키놉스

공 모양 끝에 연한 하늘색의 귀여운 꽃이 핍니다. 에키놉스는 그리스어로 고슴도치를 닮았다는 뜻으로, 봉오리가 밤송이의 가시 같은 모양이에요.

● 꽃말: 권위

가을의 꽃
Autumn

가을바람이 불 무렵이 되면
더욱 거세지는 뜨개를 향한 열망.
꽃말을 메시지로 삼아
누군가에게 마음을 전해볼까요.

왕고들빼기

들판 등에서 쉽게 볼 수 있는 작고 귀여운 소박한 분위기의 꽃입니다. 씨앗이 민들레처럼 솜털 형태라 바람에 실려 멀리 퍼져나가요.

● 꽃말: 겸허

여름

가을

AUTUMN

175
갯국화

해안의 벼랑 등지에서 볼 수 있는 작고 귀여운 꽃이에요. 잎에 하얀 테두리가 있는 게 특징입니다.

● 꽃말: 감사

176
마타리(패장)

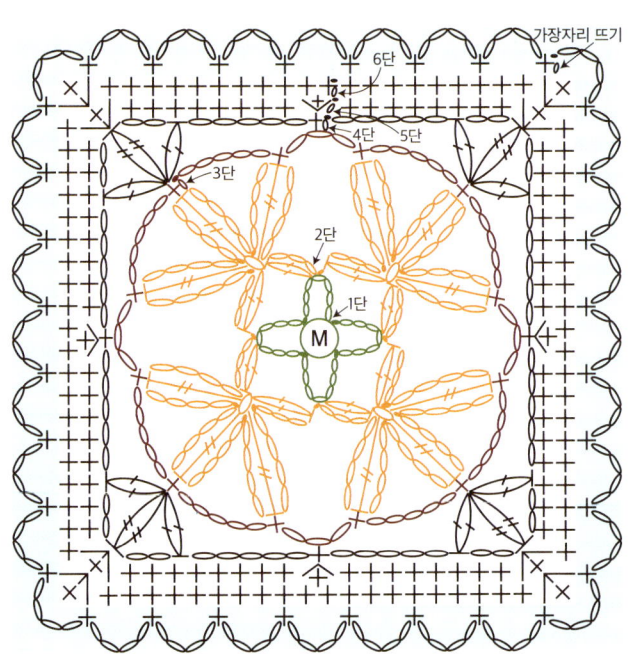

'여랑화'라고도 하며 가을을 대표하는 풀 중에 하나입니다. 예부터 친숙한 꽃으로, 섬세하고 선명한 노란색이 눈을 즐겁게 해줘요.

● 꽃말: 친절, 상냥함

AUTUMN

은엽수

은백색의 벨벳 같은 광택이 있는 잎이 특징이에요. 가지 끝에 두상화의 형태로 노란색, 흰색 등의 꽃이 핍니다.

● 꽃말: 말 없는 사랑

소국

가을

많은 종류의 꽃이 관상용으로 재배되고 있습니다. 일본에서는 국화를 활용한 공예인 '기구닌교(菊人形)'에 많이 쓰입니다.

● 꽃말: 진실

AUTUMN

콜키쿰

분홍색이나 자주색 등의 꽃잎이 아름다워 인상적입니다. 가을에 피어서 '가을 크로커스'라고도 해요.

● 꽃말: 영원, 화려함

180

사프란

꽃잎의 색이 아름다워 인기인 꽃으로, 암꽃술을 건조시켜 만든 향신료는 스페인 요리인 파에야 등에 사용됩니다.

● 꽃말: 쾌활함, 기쁨

AUTUMN

추분취

연한 황록색의 작은 꽃이 펴요. 추분취라는 이름은 낮과 밤의 길이가 같아지는 추분 무렵에 피는 데서 유래했대요. 꽃이 가진 소박한 사랑스러움을 표현해봤습니다.

182

스프레이 국화

'스프레이 멈'이라고도 하며 하나의 꽃대에 여러 개의 꽃이 핍니다. 꽃의 색상이나 형태도 풍부하고, 경쾌한 표정의 꽃잎이 사랑스러 워요.

● 꽃말: 깨끗한 사랑

AUTUMN

183
다이아몬드 릴리

섬세한 꽃잎에 빛이 반짝이며 반사되는 모습에서 이러한 이름이 붙었다고 해요. 고귀하고 기품 있는 분위기를 이미지화했습니다. '네리네'라고도 불려요.

● 꽃말: 다시 만날 날을 기대하며, 빛

184
천인국

더위에도 추위에도 강하며, 초여름부터 가을에 걸쳐 꽃을 피웁니다. 선명한 색의 대조를 표현해봤어요. 학명은 '게일라디어'입니다.

● 꽃말: 협력, 단결

AUTUMN

185
네리네

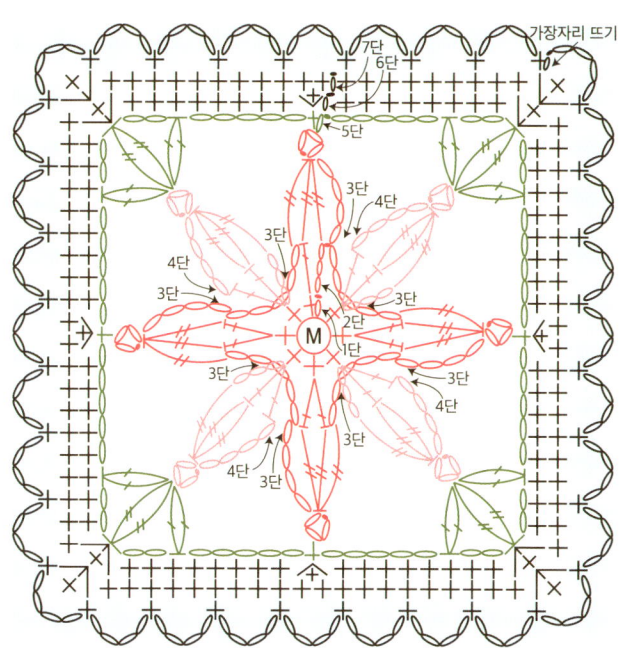

꽃 색은 흰색, 분홍색, 빨간색, 주황색, 보라색 등 다채로우며 석산(꽃무릇)과 매우 닮은 꽃이 핍니다. '다이아몬드 릴리'라고도 해요.

● 꽃말: 행복한 추억, 화려함

186
부바르디아

가을

선명한 분홍색, 빨간색이나 흰색 등 작은 꽃이 모여서 핍니다. 달콤한 향기도 나서 실내외를 불문하고 즐길 수 있어요. 우리나라에선 부케로 인기가 많아요.

● 꽃말: 청초, 행복한 사랑

AUTUMN

187
고마리

도랑, 논, 개울 등 근처에 물이 있는 곳을 좋아하는 가을의 들풀입니다. 꽃잎 끝의 분홍빛이 사랑스러워요. '고만'이라고도 불려요.

● 꽃말: 순정

188
맥문동

보라색의 작은 꽃이 핍니다. 그늘진 곳을 좋아해요. 뿌리가 보리알과 비슷해서 이러한 이름이 붙었다는 유래가 있어요.

● 꽃말: 인내, 겸손

AUTUMN

189

우선국

작고 사랑스러운 꽃이 뭉쳐서 피면 색이 생생한 광경이 펼쳐집니다. 정원에도 많이 심어요.

● 꽃말: 늙어서도 건강하게

190

로즈마리

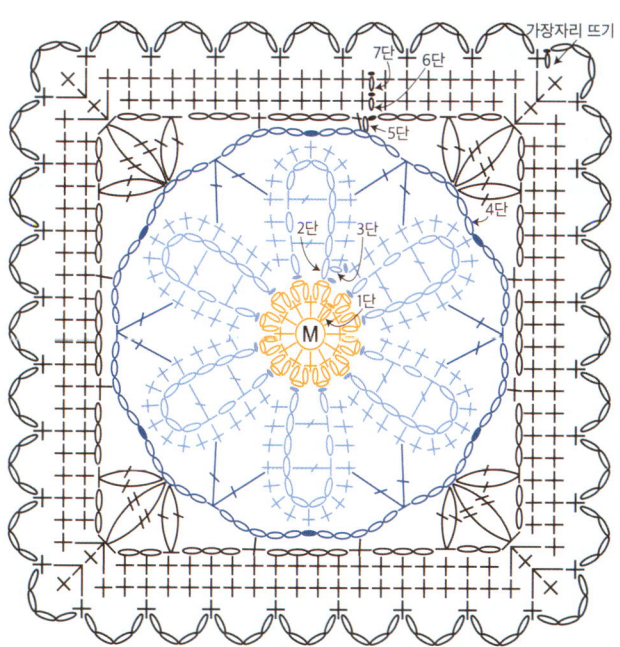

산뜻한 향기가 나는 잎은 예부터 허브로 사랑받고 있죠. 로즈마리에서 채취한 꿀은 최고급이라고 하네요.

● 꽃말: 기억, 추억

겨울의 꽃

Winter

겨울에 뜨는 꽃은 어쩐지 따뜻한 느낌이 들어요.
내 손끝으로부터
마음이나 체온이 전해지니까요.
털실을 만지고 있는 것만으로
포근한 마음이 드니까요.

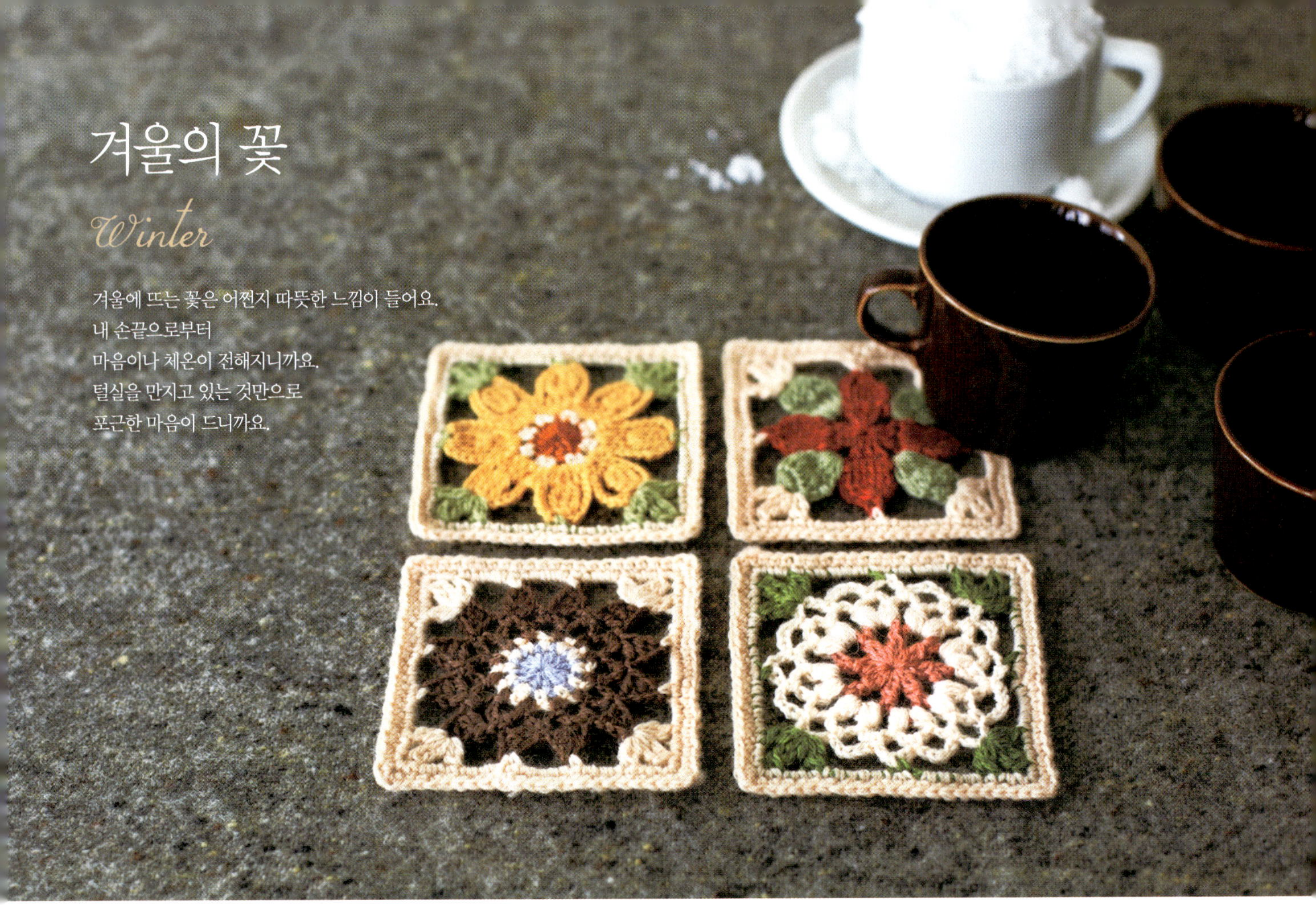

191

에오니움

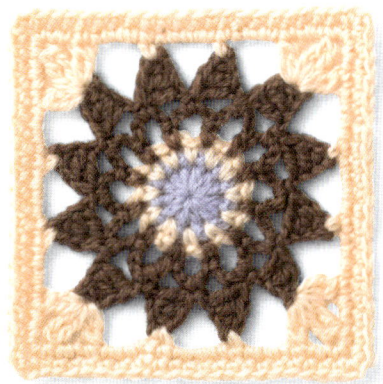

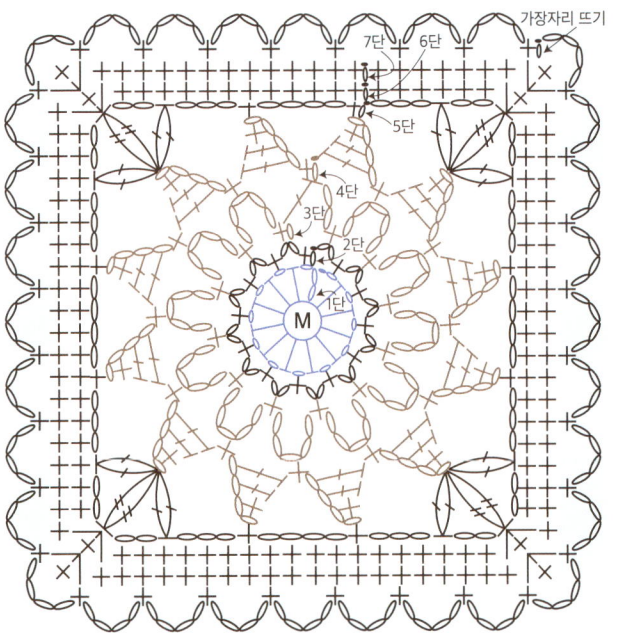

북아프리카가 원산지인 다육식물로, 관엽식물로 인기예요. 에오니움 중에서도 가장 인기인 '흑법사'의, 불꽃처럼 화려하게 잎이 펼쳐지는 모습을 표현했어요.

● 꽃말: 영원

이 책에 실린 모티브는 꽃이 가진 이미지를 기반으로 손뜨개를 즐길 수 있도록 디자인한 것입니다. 꽃의 색이나 형태, 꽃잎의 개수 등은 실제와 다릅니다.

WINTER

192
야생 동백

겨울에 피는 꽃 하면 생각나는 대표적인 꽃인 동백. 우리나라에서는 동백 오일이 유명하지만, 차로도 즐길 수 있대요. 다양한 원예 품종이 만들어졌다고 합니다.

● 꽃말: 이상적인 사랑, 미덕

193
칼랑코에

겨울 화분으로 인기 있는 다육식물. 빨강이나 노랑 등 선명하고 아름다운 꽃을, 겨울에서 봄에 걸쳐 긴 시간 피웁니다.

● 꽃말: 추억

WINTER

194
키르탄서스

작은 원통형의 가늘고 긴 꽃이 핍니다. 화분이나 꽃꽂이 등 관상용으로 인기 있으며, 꽃 색깔은 분홍, 노랑, 주황, 하양 등이 있습니다.

● 꽃말: 수줍음쟁이

195
산다화

분홍색이나 흰색, 빨간색 등의 꽃이 있으며, 동백과 매우 닮았어요. 꽃이 적어지는 가을부터 겨울에 걸쳐 피어 주변에 색을 더해줍니다.

● 꽃말: 외곬, 겸허

WINTER

196
포인세티아

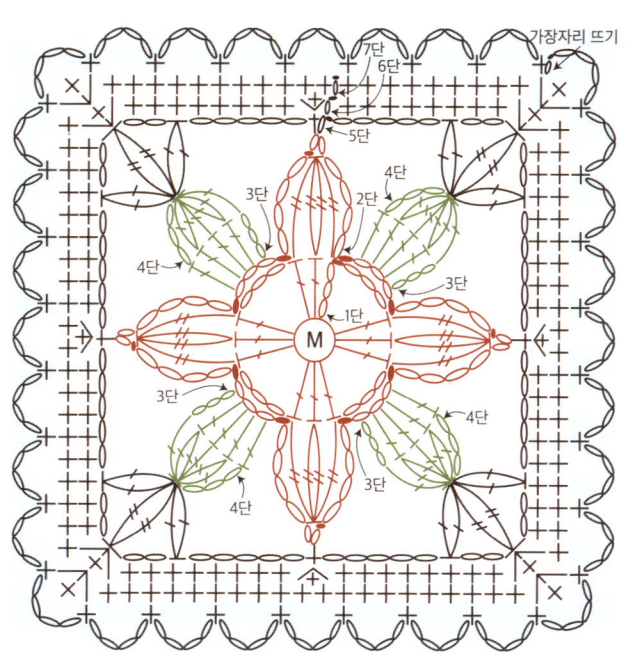

선명한 빨강과 초록이 인상적인, 크리스마스 분위기를 물씬 풍기는 대표적인 식물이죠. '홍성목'이라고도 해요.

● 꽃말: 축복, 성스러운 부탁

197
카멜리아

겨울

겨울을 대표하는 아름다운 꽃 중 하나로, 꽃잎이 제법 두꺼워요. 꽃이 질 때는 송이채 떨어지는 게 특징이에요. '동백'이라고도 하지요.

● 꽃말: 사치, 젠체하지 않는 우아한 아름다움

WINTER

198
유리옵스 데이지

선명한 노란색의 존재감 넘치는 꽃과 살짝 흰색이 감도는 초록색 잎의 대비가 아름다워 정원수로도 화분으로도 인기 있어요. '유리옵스 펙티나투스'라고도 해요.

● 꽃말: 밝은 사랑, 사이좋은 부부

ALL YEAR

199
세인트폴리아

원예용으로 자주 재배되고 있어요. 품종이 많아 분홍이나 빨강, 보라 등 다양한 컬러, 형태의 꽃이 있으며, 작고 사랑스러운 모습에 사랑받고 있습니다. '아프리카제비꽃'이라고도 해요.

● 꽃말: 동정

200
유카리스

겨울

시계철

우아하고 사랑스러운 꽃은 향이 매우 좋으며, 청초한 인상 덕에 신부의 부케로 이용되고 있습니다. 기온만 맞으면 언제나 꽃을 피워요.

● 꽃말: 기품, 청아한 마음

MOTIF

201
모티브 A

202
모티브 B

MOTIF

모티브 C

모티브 D

모티브

Arrange

모티브 한 장에서부터 다양한 꿈이 펼쳐지지요.

Shirt
셔츠
꽃 모티브를 원 포인트로,
셔츠를 귀엽게 리폼해봐요.
브로치처럼 간단하게 바꿔 달아도
재밌겠죠?

Tote bag
토트백
꽃 모티브 한 장이면
살짝 멋 부린 티도 나면서 코디하기 쉽고,
매일매일 딱 좋은 귀여움 완성!

Ornament

오너먼트

햇빛이나 조명이 모티브 사이를 통과하며
그림자를 만들고,
바람에 한들한들 함께 나부끼며
변화가 있는 인테리어를 연출해요.
태슬과의 조합도 꽤 신선하죠.

Tissue case cover

티슈 케이스 커버

평소에 별다른 신경도 쓰지 않았던 일용품이니까 더더욱
꽃 모티브로 귀엽게 멋을 내어보아요!

Okeiko-bag

레슨 가방

땡땡이 부리고 싶은 날에도
귀여운 꽃 가방과 함께라면
분명 힘이 날 거예요.

Arrange

Cap / Skirt / Bag
모자, 치마, 가방

컬러풀하지만 요란하지 않은,
어른스러우면서도 귀여운 포인트로
꽃 모티브는 여기저기에서 대활약!
아플리케 형태로 곁들여도 좋고
모티브만으로 뜨개 소품을 만들어도 좋고
아이디어는 무궁무진!
나만의 멋을 즐겨보세요.

Kotatsu cover
코타츠 커버

우리 집에는 겨울이 찾아오면 피는 꽃이 있어요.
따뜻하고, 기분 좋은
꾸벅꾸벅 졸게 될 정도로 편안한 꽃.
모두가 모이는 가장 좋아하는 장소.
핸드메이드가 꽃피운 따뜻한 시간.

Bed cover
이불 커버

아기용 이불로 뜨기 시작했던 커버.
아이의 성장에 맞춰
점점 모티브를 연결하는 사이,
어느새 이렇게 커다란 작품이 되었어요.
뜨기 시작했을 때의 모티브보다
점점 깔끔하게 만들 수 있게 되었죠.
아이도, 저의 뜨개 실력도
성장한 자취가
여기에 고스란히 피어있어요.

오늘도 사랑 넘치는 이불 속에서 좋은 꿈꾸렴.

모티브 연결하는 방법

가장자리 뜨기를 하면서 모티브를 연결해요
(테이블 매트 사이즈로 연결하는 경우)

◀ 가장자리 뜨기 하는 방법

한 장의 모티브에 가장자리 뜨기를 해서 코스터로 만듭니다.
아래의 '모티브 연결하는 순서'를 따라 뜨면 테이블 매트 사이즈로 연결할 수 있습니다.

1. 도안을 따라 모티브의 가장자리 뜨기의 시작 부분에 첫 기둥코로 사슬뜨기 1코와 짧은뜨기 1코를 떠줍니다.

2. 사슬뜨기를 4코 뜨고, 이전 단의 짧은뜨기를 2코 거른 뒤, 짧은뜨기를 1코 떠줍니다.
   ※모티브 A~D는 도안 참조(122, 123쪽)

3. 코너는 도안을 따라 이전 단의 짧은뜨기를 1코 거른 뒤, 짧은뜨기를 1코 떠줍니다.
   ※모티브 A~D는 도안 참조(122, 123쪽)

4. 마무리는 시작 부분의 짧은뜨기 코의 머리에서 빼뜨기를 합니다.

◀ 모티브 연결하는 순서

가장자리 뜨기를 뜨면서 ❶ ~ ❻ 순서로 연결해주세요.
6장의 모티브를 아래 그림을 참고로 늘어놓고 나서 가장자리 뜨기로 연결합니다.
＊모티브의 앞뒷면에 주의하세요.

―――― 그대로 가장자리 뜨기로 뜬다
∼∼∼∼ 옆의 모티브와 연결하면서 가장자리 뜨기로 뜬다

1	도안을 따라 모티브❶을 가장자리 뜨기로 한 바퀴 떠주세요.
2	모티브❷의 ◀ 위치에서 뜨기 시작해 모티브❶과 연결하며 가장자리 뜨기를 하고, 계속해서 세 변을 가장자리 뜨기로 한 바퀴 떠주세요. ※모티브❷의 마지막 코너는 ❶의 코너와 연결합니다.
3	모티브❸의 ◀ 위치에서 뜨기 시작해 가장자리 뜨기로 세 변을 뜨고, 모티브❷와 연결하면서 가장자리 뜨기로 한 바퀴 떠주세요.
4	모티브❹의 ◀ 위치에서 뜨기 시작해 가장자리 뜨기로 두 변을 뜨고, 세 번째는 모티브❸과 연결하면서 가장자리 뜨기로 뜨고, 계속해서 모티브❶과 연결하면서 가장자리 뜨기로 한 바퀴 떠주세요.
5	모티브❺의 ◀ 위치에서 뜨기 시작해 가장자리 뜨기로 세 변을 뜨고, 모티브❹와 연결하면서 가장자리 뜨기로 한 바퀴 떠주세요.
6	모티브❻의 ◀ 위치에서 모티브❺와 연결하면서 가장자리 뜨기를 시작합니다. 계속해서 가장자리 뜨기로 두 변을 뜨고, 모티브❸과 연결하면서 가장자리 뜨기로 한 바퀴 떠주세요.
7	실 끝을 정리하고 다리미로 다려 완성합니다.

◀ 모티브 연결하는 방법 [응용]

한 장으로 코스터, 여섯 장으로 테이블 매트 등 다양한 연결을 즐길 수 있는 모티브 뜨기. 다음의 예시를 참고해주세요.

쿠션 커버

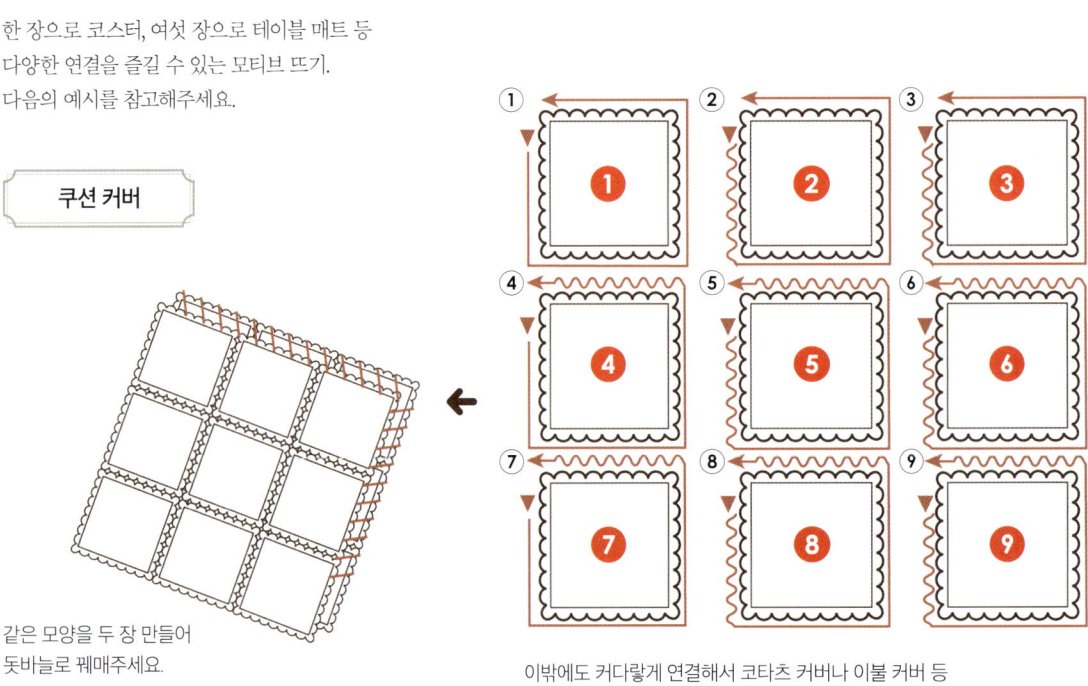

같은 모양을 두 장 만들어 돗바늘로 꿰매주세요.

이밖에도 커다랗게 연결해서 코타츠 커버나 이불 커버 등 엄청 큰 작품에도 도전해보세요!

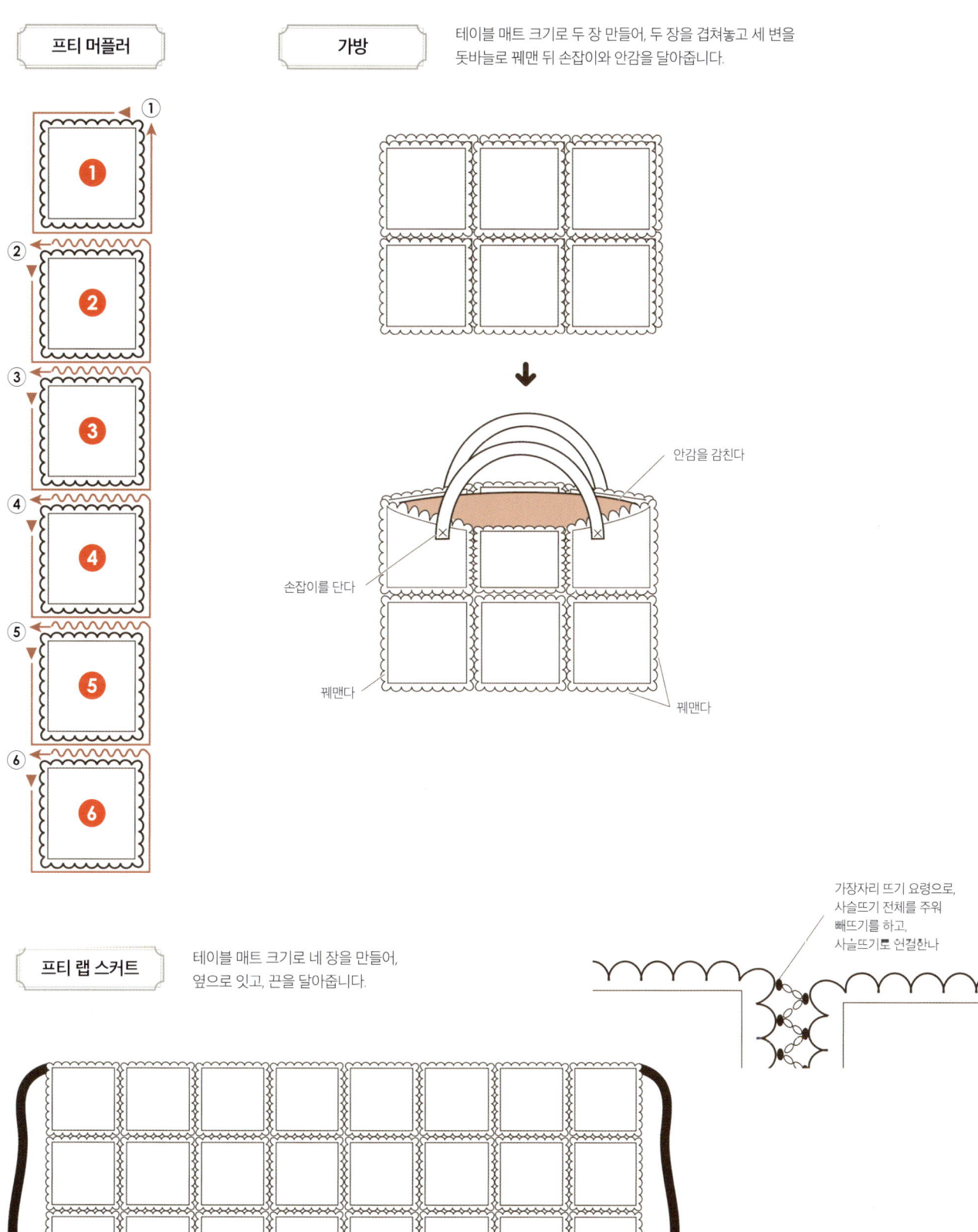

코바늘뜨기 완성 체크 포인트

체크 포인트 ① 실을 거는 방법, 잘못되진 않았나요?

짧은뜨기의 경우

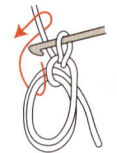 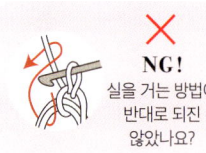 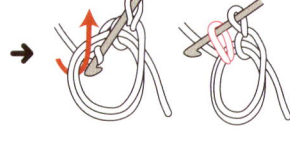 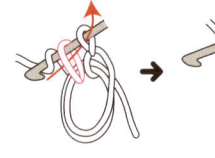 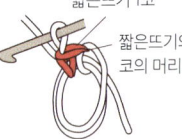

1 매직 링의 중앙에 바늘을 넣고, 그림처럼 실을 걸어주세요.

2 매직 링의 중앙 안쪽으로 실을 잡아당겨주세요.

3 다시 한 번 실을 감아 한 번에 빼주세요.

4 '짧은뜨기' 완성입니다.

한길긴뜨기의 경우

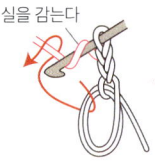    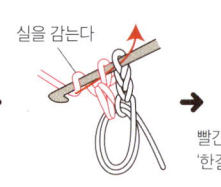 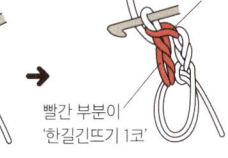

1 바늘에 실을 걸고 나서 매직 링을 통과해 실을 감아 조금 길게 빼줍니다.

2 바늘에 실을 걸어 바늘에 걸려있는 세 개의 고리 중 두 개의 사이로 한 번에 빼주세요.

3 또 한 번 실을 감아 바늘에 걸린 코를 한 번에 빼줍니다.

4 '한길긴뜨기' 완성입니다

체크 포인트 ② 모티브 뜨기 단의 마지막 빼뜨기 복습

짧은뜨기의 경우

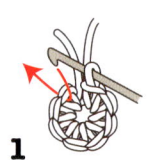 

1 매직 링을 단단히 조여, 짧은뜨기 첫 코의 코의 머리에 바늘을 넣습니다.

2 바늘에 실을 감고 한 번에 빼줍니다.

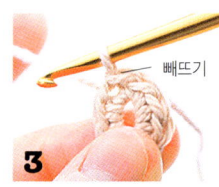

3 빼뜨기 완성입니다.

NOTICE!

첫 번째 코가 잘 보이지 않기 때문에 주의하세요!(첫 코가 작게 찌부러져서 잘 안 보이게 되어있어요)

한길긴뜨기의 경우

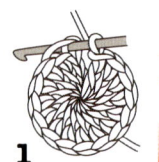 

1 매직 링을 단단히 조여, 기둥코로 만든 사슬뜨기의 세 번째 코에 바늘을 넣어주세요.

CHECK!

사슬뜨기의 반코와 코산을 줍고 있나요? (뜨개무늬를 앞쪽으로 기울여 보면, 코산을 확인하기 쉬워요.)

2 바늘에 실을 걸고 한 번에 빼주세요.

3 빼뜨기 완성입니다.

NOTICE!

어디에서 빼야 할지 모를 때에는 콧수를 뒤에서부터 거꾸로 세어보세요.(시계 방향으로 셉니다.)

코의 높이와 기둥코 사슬뜨기의 관계에 대해

기둥코란 각 단의 시작 부분에 반드시 필요한 것으로, 코바늘뜨기로 만드는 코의 높이와 기둥의 사슬뜨기의 콧수에는 연관성이 있습니다.
코의 높이(길이)에 따라 기둥의 사슬뜨기 코의 개수가 결정됩니다(디자인에 따라 다른 경우도 있습니다).

알아두면 좋은 마무리 팁

다림질하는 법

Q. 왜 스팀을 분사하나요?

A. 스팀을 분사해주면 완성작의 코가 고르게 되고, 예쁘게 완성되기 때문이에요.

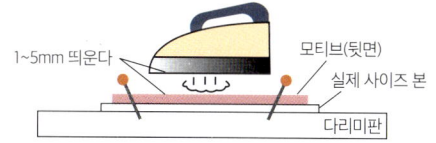

BEFORE

→

AFTER

완성 직후의 모티브는 다림질을 하기 전에는 이렇게 평평하지 않고, 사이즈도 일정하지 않아요 (완성 직후의 형태는 개인차가 있습니다).

모티브의 뒤쪽에 시침핀을 꽂아 실물 사이즈 본에 고정한 뒤 스팀다리미로 스팀을 분사해주세요. 완성작의 코가 정리되면서 평평해지고, 사이즈도 일정하게 조절할 수 있습니다. 모티브의 크기를 일정하게 맞춰두면 각 모티브를 연결할 때 예쁘게 완성할 수 있어요.

뜨개 도안 보는 법

시라네아오이 모티브(38쪽)

1단(노랑) 2단(바탕색) 3·4단(보라) 5~7단(바탕색)

- 도안은 전부 겉에서 본 모습입니다. 중앙에서부터 뜨기 시작해, 겉에서 보았을 때 반시계 방향으로 뜹니다.
- 부분은 가장자리 뜨기입니다.
- 코바늘뜨기는 손으로 하는 것이기 때문에, 뜨는 사람에 따라 코의 크기에 개인차가 있습니다. 우선은 실에 적합한 호수의 코바늘로 떠보고, 완성된 작품이 너무 크다면 조금 작은 호수의 코바늘로, 완성된 작품이 너무 작다면 조금 큰 호수의 바늘로 바꿔 떠보세요.
- 이 책에 소개된 작품들은 모두 5/0호 바늘을 이용해 훼리시모 전용 실(100% 울사) 두 가닥으로 떴습니다.
- 원하는 털실로 뜨셔도 무방합니다. 단, 실에 따라 완성작의 분위기가 달라질 수 있다는 것을 기억해주세요. 기본적으로는 두께 3mm 실과 5/0호 바늘을 권장합니다.
- 5/0호 바늘에 적합한 실을 사용했을 경우, 완성 사이즈(한 장)는 약 11×11cm(가장자리 뜨기 포함)입니다. 이 사이즈는 완성 후 다리미로 다린 후에 측정한 사이즈예요. 완성 사이즈는 개인마다 차이가 있을 수 있으며, 한 사람이 뜨더라도 크기가 일정하게 완성되지 않는 경우가 있습니다. 그럴 때에는 각 모티브의 사이즈에 맞춰서 다림질을 해주면 예쁘게 완성됩니다.

코바늘 뜨개 기호 표

200개의 꽃 모티브에 등장하는 주요 코바늘 뜨개 기호입니다. 익숙해지면 도안의 뜨개 기호만으로 떠보는 것도 좋겠지요.

기호	이름	기호	이름	기호	이름
○	사슬뜨기		긴뜨기 3코 구슬뜨기		두길긴뜨기 2코 구슬뜨기
●	빼뜨기		긴뜨기 4코 구슬뜨기		두길긴뜨기 3코 구슬뜨기
+	짧은뜨기		한길긴뜨기 2코 모아뜨기		두길긴뜨기 4코 구슬뜨기
	짧은뜨기 2코 늘려뜨기		한길긴뜨기 3코 모아뜨기	V	긴뜨기 2코 늘려뜨기
	짧은뜨기 3코 늘려뜨기		한길긴뜨기 4코 모아뜨기		한길긴뜨기 2코 늘려뜨기
T	긴뜨기		한길긴뜨기 2코 구슬뜨기		한길긴뜨기 3코 늘려뜨기
	한길긴뜨기		한길긴뜨기 3코 구슬뜨기		X자뜨기
	두길긴뜨기		한길긴뜨기 4코 구슬뜨기		피코뜨기
	세길긴뜨기		한길긴뜨기 5코 구슬뜨기	Y	Y자뜨기
	긴뜨기 2코 모아뜨기		두길긴뜨기 2코 모아뜨기		역Y자뜨기
	긴뜨기 3코 모아뜨기		두길긴뜨기 3코 모아뜨기		Y자뜨기 변형
	긴뜨기 2코 구슬뜨기		두길긴뜨기 4코 모아뜨기		역Y자뜨기 변형

편집 후기

'보기만 해도 기분이 좋아지는, 폭신하고 가볍고 귀여운 꽃 모티브 손뜨개 키트를 만들고 싶어!'
2004년, 일인 기획자의 이런 마음에서 이 프로젝트는 시작되었습니다.
완성된 뜨개의 이미지는 전체가 꽃밭처럼 보이는 커다란 담요였어요. '키트를 한 달에 한 번 배달해드리는' 훼리시모의 정기 컬렉션과도 딱 맞는 기획이었습니다.
처음부터 갑자기 커다란 대형 작품에 도전하기에는 물리적으로도 금액적으로도 용기가 필요하지만, 매달 조금씩 떠두기만 하면 분명 무리 없이 즐길 수 있을 터. '그렇다면 1회당 완성 사이즈는 성취감을 맛볼 수 있는 테이블 매트 정도가 좋지 않을까? 모티브를 잔뜩 연결했을 때 너무 무겁지 않도록, 가능하면 섬세하고 부드럽고 예쁜 색의 털실이면 좋겠어! 가벼워도 역시 울 100%의 촉감이면 좋겠어!' 등등, 생각만 해도 즐거워서 제멋에 겨운 아이디어가 점점 더해져 '부드러운 온기를 크게 이어서 코바늘뜨기 꽃 모티브 컬렉션'이 탄생하게 되었습니다. 그렇게 시작된 지 10년이 넘었네요. 많은 분들께서 사랑해주신 덕에 〈쿠츄리에〉의 히트 상품으로, 여전히 사랑받고 있습니다. 지금도 구매해주신 분들이 자기만의 독창적인 아이디어를 가미해 만든 스톨이나 치마, 코타츠 커버, 이불 커버 등등의 사진이 잔뜩 편집부에 도착하고 있어요. 여러분께서 실제로 몇 개월, 몇 년에 걸쳐 만드신 작품을 볼 때면 항상 감동하게 됩니다. 정말로 감사합니다. 그리고 앞으로도 쭉 사랑해주셨으면 좋겠다고 바랄 뿐이에요.

이 프로젝트에서 절대 잊으면 안 되는 건, 계속해서 이 꽃 모티브의 디자인·도안 제작에 애써주시고 있는 시미즈 노부코 수예 작가입니다.
'마법' 같은 시미즈 작가의 손. 그 손에서 많은 뜨개법이 잇달아 등장하고, 다양한 종류의 꽃들이 뜨개 형태로 변해갑니다. 꽃의 모양을 표현하는 뜨개가 이렇게 많은 종류로 갖추어진 것은, 분명 다른 데에서는 찾지 못할 거예요. 단순한 뜨개법부터 복잡한 것까지, 초보자도 뜨개 달인도 각각의 수준에서 즐길 수 있는 디자인으로 가득하지요. 그리고 지금도, 새로운 '꽃 모티브'는 시미즈 작가의 '마법의 손'에서 계속해서 태어나고 있습니다.

새로운 디자인이 완성될 때마다 이렇게 귀여운 많은 모티브를 한 번쯤은 전부 모으고 싶다고 계속 생각해왔습니다. 키트 상품으로는 판매가 끝나버린 디자인도 이대로 사라지기에는 너무 아까웠어요. 뜨개 도안집으로 다시 부활시켜, 뜨개를 사랑하는 보다 많은 분들이 즐길 수 있다면……. 이런 바람이 마침내 실현되었습니다. 지금까지 탄생한 모티브 디자인은 약 300종류(2016년 7월 말 현재). 그중에서 200종류를 엄선해 이 책에 싣게 되었습니다. 도안 하나하나에 작품 사진을 실었고, 또한 아름다운 이미지도 잔뜩 곁들여 마치 한 권의 화보집처럼 완성했습니다.
형형색색의 꽃 모티브를 앞에 두면 상품 기획을 시작하던 시절의 컨셉처럼, 정말로 '보기만 해도 기분이 왠지 모르게 좋아지는' 것 같아요. 꽃은 여성에게 있어서 영원히 두근거리는 모티브이기도 하고요. 이 책에는 무려 200종류나 실려 있으니 디자인 감상이나 색감 참고는 물론, 실제로 떠서 연결해 여러 가지 작품을 만드는 등…… 언제까지나 여러분의 곁에서 쭉 활용되는 한 권의 책이 된다면 참으로 기쁠 것 같습니다.

〈쿠츄리에〉 편집부

쿠츄리에

<쿠츄리에(Couturier)>는 프랑스어로 고급스러운 양복을 만들어주는 '재봉사'를 의미해요. 착용감이 좋은 맞춤복을 만드는 것처럼 소소한 핸드메이드로 일상을 나답게, 멋지게 만들었으면 하는 마음을 담아 기획한 새로운 핸드메이드의 형태에 붙인 이름입니다.
한 달에 한 번 받는 정기 배송 스타일의, '핸드메이드 키트'를 중심으로 하는 핸드메이드 관련 상품을 판매하고 있습니다. 초보부터 고수까지, 아이부터 어르신까지, 많은 분들이 핸드메이드를 즐길 수 있도록 힘쓰고 있어요. 키트를 그대로 만들 뿐 아니라 재료를 바꾸는 등 자신만의 아이디어로 오리지널 작품을 만들어 즐기는 분들도 많아서, 이런 분들과 함께 일상을 풍요롭게 만드는 핸드메이드 문화를 만들어나가고 있습니다.

꽃 모티브 디자인·도안 제작 / 시미즈 노부코 *profile*

의류 회사를 거쳐 강사, 기업 상품 디자이너나 제작을 메인으로 프리랜스 수예 작가로 활약하고 있습니다. 어린 시절부터 즐겨 했던 놀이는 '무언가를 만드는 것'. 인형의 옷이나 인형의 집, 뜨개 인형 등을 스스로 만들었어요. 꽃을 기르는 것도 좋아해서 거의 매일이라고 해도 좋을 정도로 집에는 항상 꽃이 피어있어서, 늘 꽃이 주는 여유와 즐거움을 만끽하고 있습니다. 이렇게 꽃으로부터 영감을 받아 만든 이 '꽃 모티브'로 많은 분들께 손수 만드는 즐거움과 꾸미는 즐거움 등 핸드메이드의 온기가 전해지길 바랍니다.

꽃 색상별 인덱스

좋아하는 색으로 모티브를 골라볼까요?

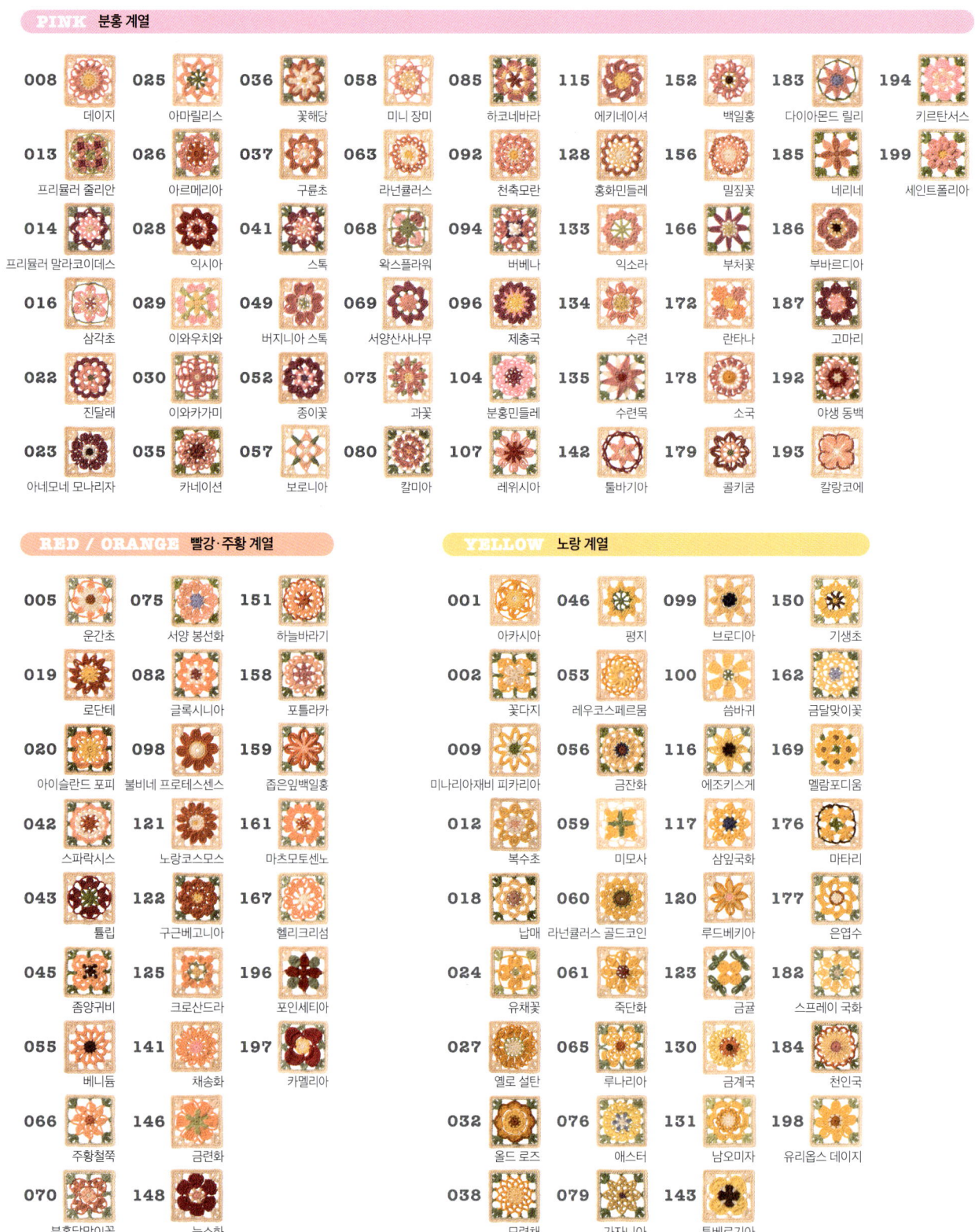

BLUE 파랑·남색 계열

004 개불알꽃	051 히라기소	088 스타티스	144 델피니움
010 히아신스	067 물망초	103 미즈타비라코	164 물옥잠
015 풀모나리아	077 연등심붓꽃	110 아메리칸 블루	173 에키놉스
033 가는잎할미꽃	078 섬꽃마리	112 이와기쿄	180 사프란
050 봄구슬붕이	081 캄파눌라 미디엄	132 삼색메꽃	

LIGHT BLUE 하늘색 계열

039 별꽃	083 제라늄	108 나팔꽃
047 니겔라	091 일일초	136 스카비오사
054 큰구슬붕이	093 꽃담배	157 펜타스
062 수레국화	095 빈카 미노르	163 당아욱
072 수국	101 사철채송화	190 로즈마리

GREEN 녹색 계열

| 034 올리브 |
| 149 해당화 |
| 168 겹달맞이꽃 |

PURPLE 보라 계열

003 비올라 트리컬러	097 빈카 마요르
007 노루귀	105 리빙스톤 데이지
011 시네라리아	109 산수국
040 시라네아오이	111 돌바늘꽃
071 아킬레기아	137 스토케시아
084 고데티아	153 부용
086 작약	165 워터 바코파
087 실라 페루비아나	188 맥문동
090 차이브	

WHITE 흰색

006 스노드롭	118 가우라	170 모나르다
031 오니소갈럼	124 은배초	171 모미지카라마츠
044 디모르포테가	138 제피란테스	174 왕고들빼기
048 남바람꽃	139 타테야마린도	175 갯국화
074 아나니스	140 오미자	181 추분취
102 피버퓨	145 시계초	189 우선국
106 백합	147 노각나무	195 산다화
113 갯봄맞이	155 계요등	200 유카리스
114 에델바이스	160 하루살이꽃	

BROWN 갈색 계열

017 렌턴 로즈	126 검은낭아초
021 식나무	127 쿠로유리
064 루콜라	129 코바노카모메즈루
089 달리아	154 프라도 레드
119 국화마	191 에오니움

꽃 색상별 인덱스